ATENDIMENTO PSICOPEDAGÓGICO

Dados Internacionais de Catalogação na Publicação (CIP)

C395a   Britto, Eduardo.

Atendimento psicopedagógico / Eduardo Britto. – São Paulo, SP : Cengage Learning, 2016.

Inclui bibliografia.

ISBN 978-85-221-2925-6

1. Psicopedagogia. 2. Intervenção. I. Título.

CDU 37.013.82
CDD 370.15

Índice para catálogo sistemático:

1. Psicopedagogia   37.013.82

(Bibliotecária responsável: Sabrina Leal Araujo – CRB 10/1507)

ATENDIMENTO PSICOPEDAGÓGICO

Austrália • Brasil • México • Cingapura • Reino Unido • Estados Unidos

Atendimento Psicopedagógico

Conteudista:
Eduardo Britto

Gerente editorial: Noelma Brocanelli

Editoras de desenvolvimento:
Gisela Carnicelli, Regina Plascak e Salete Guerra

Coordenadora e editora de aquisições:
Guacira Simonelli

Produção editorial:
Fernanda Troeira Zuchini

Copidesque: Sirlene Sales

Revisão: Rosangela Gandini e Juliana Alexandrino

Diagramação e Capa:
Marcelo A. Ventura

Imagens usadas neste livro por ordem de páginas:
Olesya Feketa/ Shutterstock; Alberto Masnovo/ Shutterstock; bahri altay/ Shutterstock; Hibrida/ Shutterstock; bikeriderlondon/ Shutterstock; Sergey Novikov/ Shutterstock; Ilike/ Shutterstock; Sergey Novikov/ Shutterstock; TheUmf/ Shutterstock; JGA/ Shutterstock; Andrey_Popov/ Shutterstock; Andrey_Popov/ Shutterstock; Imagentle/ Shutterstock; CoraMax/ Shutterstock; CoraMax/ Shutterstock; Andresr/ Shutterstock; tibori/ Shutterstock; Maridav/ Shutterstock; wavebreakmedia/ Shutterstock; Monkey Business Images/ Shutterstock; radoma/ Shutterstock; Image Point Fr/ Shutterstock; ahmetemre/ Shutterstock; oliveromg/ Shutterstock; Voyagerix/ Shutterstock; William Perugini/ Shutterstock; Mikhail Rulkov/ Shutterstock; Alex Oakenman/ Shutterstock; Olesia Bilkei/ Shutterstock.

© 2016 Cengage Learning Edições Ltda.

Todos os direitos reservados. Nenhuma parte deste livro poderá ser reproduzida, sejam quais forem os meios empregados, sem a permissão por escrito da Editora. Aos infratores aplicam-se as sanções previstas nos artigos 102, 104, 106, 107 da Lei nº 9.610, de 19 de fevereiro de 1998.

Esta editora empenhou-se em contatar os responsáveis pelos direitos autorais de todas as imagens e de outros materiais utilizados neste livro. Se porventura for constatada a omissão involuntária na identificação de algum deles, dispomo-nos a efetuar, futuramente, os possíveis acertos.

Esta editora não se responsabiliza pelo funcionamento dos links contidos neste livro que possam estar suspensos.

Para permissão de uso de material desta obra, envie seu pedido para
direitosautorais@cengage.com

© 2016 Cengage Learning Edições Ltda.
Todos os direitos reservados.

ISBN 13: 978-85-221-2925-6
ISBN 10: 85-221-2925-8

Cengage Learning Edições Ltda.
Condomínio E-Business Park
Rua Werner Siemens, 111 - Prédio 11
Torre A - Conjunto 12
Lapa de Baixo - CEP 05069-900 - São Paulo - SP
Tel.: (11) 3665-9900   Fax: 3665-9901
SAC: 0800 11 19 39

Para suas soluções de curso e aprendizado, visite
www.cengage.com.br

Impresso no Brasil
Printed in Brazil

Apresentação

Com o objetivo de atender às expectativas dos estudantes e leitores que veem o estudo como fonte inesgotável de conhecimento, esta **Série Educação** traz um conteúdo didático eficaz e de qualidade, dentro de uma roupagem criativa e arrojada, direcionado aos anseios de quem busca informação e conhecimento com o dinamismo dos dias atuais.

Em cada título da série, é possível encontrar a abordagem de temas de forma abrangente, associada a uma leitura agradável e organizada, visando facilitar o aprendizado e a memorização de cada assunto. A linguagem dialógica aproxima o estudante dos temas explorados, promovendo a interação com os assuntos tratados.

As obras são estruturadas em quatro unidades, divididas em capítulos, e neles o leitor terá acesso a recursos de aprendizagem como os tópicos *Atenção*, que o alertará sobre a importância do assunto abordado, e o *Para saber mais*, com dicas interessantíssimas de leitura complementar e curiosidades incríveis, que aprofundarão os temas abordados, além de recursos ilustrativos, que permitirão a associação de cada ponto a ser estudado.

Esperamos que você encontre nesta série a materialização de um desejo: o alcance do conhecimento de maneira objetiva, agradável, didática e eficaz.

Boa leitura!

Prefácio

A dificuldade na aprendizagem não pode ser vista apenas como um empecilho razoável e passível de se solucionar com o tempo. Muitas vezes, a ajuda de um profissional que possa ajudar o aluno a vencer tal dificuldade e encontrar uma solução é de extrema necessidade.

Nesse contexto, temos o auxílio da Psicopedagogia.

Antes, esse estudo voltava-se apenas para o cenário educacional, sem abrangência em outras áreas. Posteriormente, ampliando a sua atuação, percebeu-se a função essencial da Psicopedagogia.

No entanto, esudar como funciona o atendimento de um psicopedagogo e sua atuação nos diversos estágios concernentes ao processo de aprendizagem é o objetivo desse conteúdo, que vai tratar do assunto ao longo de quatro Unidades.

A primeira Unidade apresentará conceitos basilares, como o significado da psicopedagogia no contexto atual, a diferenciação entre normalidade e patologia e outros tipos de normalidades, assim como os métodos aplicáveis às diversas faixas etárias existentes.

Na segunda Unidade, serão analisados o contexto do atendimento psicopedagógico e os sintomas que direcionam a esse atendimento.

A terceira Unidade vai tratar, de maneira sucinta e didática, da descrição e explicação dos conceitos a-histórica e histórica.

Por fim, na quarta Unidade, alguns tipos de testes, avaliações e entrevistas serão explorados, bem como as técnicas mais usuais.

O atendimento psicopedagógico é uma ferramenta que auxilia muito no aparamento de arestas e resolução de dificuldades no processo de aprendizagem, e conhecê-lo é de extrema importância para a sua usufruição.

UNIDADE 1
O NORMAL E O PATOLÓGICO

Capítulo 1 A Psicopedagogia, 10

Capítulo 2 Normalidade e patologia, 11

Capítulo 3 O verdadeiro conceito de normalidade, 17

Glossário, 24

1. A Psicopedagogia

A Psicopedagogia nasceu da necessidade de atender, principalmente, crianças com dificuldades de aprendizagem, uma vez que já haviam estudos desenvolvidos tanto pela Medicina quanto pela Psicologia.

No decorrer dos anos, o que era uma complementação entre áreas de conhecimento, tornou-se um campo de atuação profissional, independente, cujo objeto de estudo passou a ser, além dos recursos de prevenção, diagnóstico e intervenção própria, o processo de aprendizagem.

A Psicopedagogia atua tanto na Saúde quanto na Educação, lidando com o processo de aprendizagem do ser humano e com os padrões do que é considerado normal e patológico, a partir das influências familiar, escolar e social (SHROEDER; MECKING, 2002).

> *ATENÇÃO! Em qualquer momento de nossas vidas podemos evidenciar dificuldades, distúrbios ou comportamentos patológicos.*

Desde o século XIX, havia o olhar preocupado da área médica em relação aos problemas de aprendizagem.

Existia a crença de que as dificuldades para aprender seriam geradas por consequências orgânicas (BOSSA, 2000).

Inclusive, observamos historicamente que as formas de tratamento das questões que envolviam o fracasso escolar e os problemas de aprendizagem foram influenciadas pelo pensamento da **organicidade**.

> *PARA SABER MAIS! O termo psicopedagógico surgiu da necessidade de desvincular o caráter médico da abordagem dos problemas escolares. Dessa forma, os pais ficavam menos resistentes a procurar ajuda e orientação para lidar com as dificuldades apresentadas pelos seus filhos.*

As teorias do médico psicanalista Sigmund Schlomo Freud (1856-1939), do **epistemólogo** e psicólogo Jean William Fritz Piaget (1896-1980) e do psiquiatra e psicanalista Enrique Pichon Rivière (1907-1977) contribuíram significativamente para o avanço e a compreensão do processo de aprendizagem. Os aspectos sociais, afetivos e cognitivos passaram a ser compreendidos como importantes para a aprendizagem, da mesma forma que trouxeram à tona reflexões e estudos sobre o que estaria dentro do que chamamos de normalidade e de patologia.

> *PARA SABER MAIS! Em 1958 no Brasil, na tentativa de melhorar o relacionamento entre professor–aluno, surgiu o Serviço de Orientação Psicopedagógica da Escola*

> *Guatemala, no Rio de Janeiro, uma escola primária experimental do Instituto Nacional de Estudos Pedagógicos (INEP) e do Ministério de Educação e Cultura (MEC). Atualidade, o INEP possui o nome de Instituto Nacional de Estudos e Pesquisas Educacionais Anísio Teixeira.*

2. Normalidade e patologia

A conceituação de normal e patológico é extremamente relativa. Definir essas duas concepções torna-se desafiante porque cada área de conhecimento procura imprimir seu ponto de vista sobre o assunto.

Vejamos alguns autores e sua forma de compreender o que é normal e o que é patológico:

- Freud compreendia que cada indivíduo busca se ajustar socialmente e que aprende a desenvolver comportamentos que permitem que se diferencie e seja singular em relação às demais pessoas;

- O psiquiatra e psicanalista Daniel Lagache (1903-1972) defendia a existência do rompimento com o passado, mas que o indivíduo demonstra uma extensão da personalidade anterior, o que é passível de compreensão;

- O matemático Hermann Minkowski (1864-1909) acreditava na existência de uma hierarquia no processo de adoecimento. Na doença do corpo, não existe o rompimento no relacionamento com o outro. Essa relação só se quebra quando ocorre um adoecer psíquico autêntico;

- O cirurgião René Leriche (1879-1955), diferente dos demais autores até agora abordados, defendia a ideia de que só existe a conscientização do ato de viver quando se abre a janela do estar doente. A normalidade biológica estaria revelada a partir do momento em que as regras estabelecidas são rompidas com a doença;

- O físico alemão Gotthilf-Eugen Goldstein (1850-1930) considerava a regra básica relacionada à doença completamente individual, em todos os aspectos. Uma medida estatística seria incapaz de determinar se um indivíduo poderia ser diagnosticado como normal ou anormal;

- O psiquiatra, psicanalista e filósofo Henri Ey (1900-1977) concebeu que a vida tem um movimento peculiar para superar os entraves que aparecem no decorrer dos anos. O normal é considerado como um parâmetro de limite que está relacionado a um julgamento de valor;

- O filósofo e psiquiatra Karl Theodor Jaspers (1883-1969) atribuiu ao doente a apreciação de seu estado psíquico e, dessa forma, ele é quem define sua "normalidade". Juntamente a esse dado, somamos a ideia de que o contexto social é fator determinante para o surgimento da doença;

- O psiquiatra Kurt Scnheider (1887-1967) estabeleceu a distinção entre anormal psíquico em mórbido e não mórbido. A conceituação de doença, que se refere ao quadro mórbido, é completamente impregnada pela visão médica. Já a enfermidade, em seu sentido próprio, tem sua existência apenas no contexto somático.

Existem vários discursos sobre o normal e o patológico, são eles:

a) moral – apreciação de juízo centrada na maneira de conduzir as regras do dever e do bem;

b) ético – apreciação de juízo centrada na questão do bem e do mal;

c) estético – apreciação de juízo centrada no questionamento entre o belo e o feio;

d) clínico – apreciação de juízo centrada na integridade fisiológica e na patologia anatômica;

e) psíquico – apreciação de juízo na experiência do sofrimento, prazer e desprazer;

f) sistêmico – apreciação de juízo centrada no equilíbrio dinâmico biológico-antropológico-social;

g) matemático – apreciação de juízo centrada na regra estatística;

h) sociológico – apreciação de juízo centrada na adaptação do indivíduo ao contexto social;

i) forense – apreciação de juízo centrada nas questões que envolvem a imputabilidade e a responsabilidade; e

j) existencial – apreciação de juízo centrada nos questionamentos do sentido da vida.

Se analisarmos uma situação tendo a percepção da influência sociocultural, poderemos entender que em certo tipo de sociedade, determinados comportamentos seriam considerados normais, dentro de total adequação, aceitáveis e até mesmo valorizados.

No entanto, esses mesmos comportamentos, ao avançarmos no tempo histórico e/ou analisarmos outras culturas, poderiam ser considerados **desviantes**, anormais e patológicos.

As ideias e os critérios sobre normal e patológico, que se constroem no decorrer do tempo, influenciados pelos fatores culturais e por dados comportamentais levantados por especialista que esteja avaliando outro indivíduo, podem levá-lo a diagnosticar se a pessoa é doente ou não.

> *ATENÇÃO! Devemos refletir sobre o quanto é relativo o ser normal e o ser patológico.*

Importante estarmos atentos e refletir sobre o quanto o diagnóstico de um especialista pode definir o futuro de um ser humano.

Definir normalidade é algo que tem sido um desafio para os estudiosos tanto da Medicina quanto da Psicologia, **Psicopatologia**, Psicopedagogia e áreas afins.

Tanto a abordagem psiquiátrica quanto a psicológica diferem no que se concebe como doença mental e suas possíveis causas. No entanto, em ambas as abordagens, existem a suposição de qual é o critério em definir o que é normal ou não (BOCK; FURTADO; TEIXEIRA, 1997).

Ressaltamos que o conjunto de critérios para avaliar o que é normal e o que é patológico ainda deixa lacunas. Por exemplo, um especialista que diagnostica um indivíduo também traz aspectos de sua cultura e da sociedade em que está inserido. Nesse sentido, ele pode **patologizar** aspectos comportamentais que, em outros momentos históricos e/ou em outras culturas, relativizam a conceituação de normalidade.

> *PARA SABER MAIS! Na década de 50, em arquivos de um hospital psiquiátrico do estado de São Paulo, mulheres foram diagnosticadas como loucas por apresentarem comportamento sexual à frente de seu tempo. Hoje, século XXI, seria pouco provável que uma mulher fosse internada como louca, por exemplo, por ter relações sexuais antes do matrimônio.*

Nos últimos vinte anos, os estudiosos têm analisado várias conceituações sobre normalidade, de modo a abordarem conceitos relacionados tanto com o desenvolvimento quanto com a saúde mental.

> *ATENÇÃO! As políticas de saúde mental são afetadas pela definição de normalidade.*

Especialistas basearam sua visão em quatro perspectivas independentes entre si (BOSSA, 2003):

I) **Primeira Perspectiva** – o conceito de normalidade está relacionado:
- à saúde; e
- à abordagem médico-psiquiátrica tradicional.

A definição de saúde se reporta à **ausência de sintomatologia**. O estado de funcionamento seria razoável.

II) **Segunda Perspectiva** – o conceito de normalidade está relacionado a um estágio que poucos indivíduos alcançam. Os estudiosos compreendem que, nesta perspectiva, os diferenciados elementos do aparelho mental interagem harmonicamente e propiciam ao sujeito a sensação de realização. O estado de funcionamento mental seria considerado ótimo.

III) **Terceira Perspectiva** – o conceito de normalidade é definido dentro de um estágio de funcionamento médio. Essa perspectiva está baseada em um dos princípios matemáticos (curva senoidal), com aplicabilidade em levantamento de dados em Psicologia.

IV) **Quarta Perspectiva** – o conceito de normalidade é definido como um processo de incessantes mudanças, nas quais as interações, ocorridas no decorrer dos anos, propiciam ao sujeito o desenvolvimento de um comportamento normal. A padronização dos comportamentos sociais, determinados no decorrer da história da humanidade, não é a base desta quarta perspectiva, mas, sim, as diferenças individuais para o desenvolvimento do sujeito. As trocas e interações ocorridas no decorrer dos anos entre indivíduos e grupos são o destaque.

PARA SABER MAIS! O conceito do que é normal, em Psicopatologia, influencia diretamente o que entendemos por saúde e doença mental. A abrangência desses temas impacta várias áreas de conhecimento, entre elas a Psicopedagogia (DALGALARRONDO, 2000).

Existem alguns critérios de normalidade utilizados pela Psicopatologia que se tornam mais ou menos relevantes, de acordo com a formação do profissional que os utiliza. A visão do profissional pode ser mais filosófica, ideológica ou pragmática.

Independentemente de sua visão, ela influenciará a maneira de analisar e criar critérios para lidar com a anormalidade e a normalidade. Normal, no direcionamento do pensamento da Psicopatologia, é aquele indivíduo que não apresenta nenhum tipo de transtorno mental definitivo. Alguns dos pontos de referência para a percepção da normalidade comumente utilizados na Psicopatologia (DALGALARRONDO, 2000) serão vistos nos próximos itens.

Normalidade como ausência de doença

A normalidade é vista como a ausência do sintoma, do sinal e/ou da doença. É um critério considerado empobrecido, tendo em vista que trabalha com a ideia do que a normalidade não é.

Normalidade ideal

Essa normalidade é vista como **utópica**, uma vez que, socialmente, se constroem paradigmas arbitrários sobre o que é saudável. Ela fica na dependência das normas socioculturais, ideológicas, dogmáticas e doutrinárias que não estão baseadas em critérios rígidos e fixos.

Os critérios mudam de acordo com a adaptação do indivíduo às regras determinadas pela sociedade.

Normalidade estatística

Essa normalidade tem relação direta com os **indicativos quantitativos**. O que ocorre e se observa com maior frequência, dentro de um grupo populacional, é o que fica caracterizado como normal. Os indivíduos que ficam de fora da estatística da normalidade são considerados "doentes", "anormais" ou têm "comportamentos patológicos".

Normalidade como bem-estar

Na década de 1950, a Organização Mundial de Saúde (OMS) apresentou a definição de indivíduo saudável: aquele que apresenta bem-estar físico, mental e social. Nesse sentido, o conceito de saúde que, anteriormente, era definido como ausência de doença, passa a ser **ressignificado**. Vale ressaltar que bem-estar abrange espaços pouco determinados e sem objetividade. Certo caráter utópico pode ser identificado se pensarmos nos impasses que um indivíduo possa apresentar para estar pleno físico, mental e socialmente, e, consequentemente, ser considerado saudável.

Normalidade funcional

Esse critério de normalidade se baseia nos aspectos funcionais do indivíduo para evidenciar que está "normal". Esse processo, por si só, demonstra certa patologia e disfuncionalidade, pois provoca sofrimento para o indivíduo e para o grupo no qual está inserido socialmente.

Normalidade como processo

Nesse critério de normalidade, são considerados relevantes os aspectos que envolvem a dinâmica do desenvolvimento psicossocial, tanto no que se refere às estruturações como no que se refere às desestruturações ocorridas ao longo dos anos nas diferentes faixas etárias.

Normalidade subjetiva

É a percepção de que o indivíduo tem de si mesmo em relação ao seu estado de saúde. Um ponto a ser refletido nesse critério tem a ver com o fato de que indivíduos que apresentam algum tipo de transtorno mental grave e possam estar em fase maníaca, tendem a considerar que "estão muito bem", "saudáveis".

Normalidade como liberdade

Alguns autores, que seguem a fenomenologia e o existencialismo, entendem que a falta de saúde mental desencadearia no indivíduo a perda da liberdade do ser e existir no mundo e de ser protagonista de sua própria história.

Normalidade operacional

Nesse critério, é definido, previamente, o que é normal e o que é patológico. Esses conceitos são colocados em prática, assumindo os possíveis desdobramentos estabelecidos pela pré-conceituação dos termos.

O médico, filósofo e epistemólogo Georges Canguilhem (1904-1995) defendeu sua tese de doutorado, na qual abordou as questões que envolviam o normal e o patológico. Para o referido autor, não existe uma maneira em que se possa estabelecer um delimitador entre o que é normal e o que é patológico. Ele compreende que o caráter patológico só existe a partir do momento em que o indivíduo está inserido em interações sociais.

> *PARA SABER MAIS! A obra de Georges Canguilhem é considerada de relevância na construção da primeira etapa da Saúde Coletiva brasileira.*

Canguilhem considera que não existe uma situação que seja patológica ou normal em si própria. Dependendo de como a vida vai transcorrendo, muitas são as formas das situações, aparentemente diferentes, apresentarem suas similaridades, tendendo a se tornar normais. Em seu livro "O normal e o patológico", o autor traz à luz argumentos que buscam explorar uma gama de olhares sobre o que pode ser representado como saúde ou doença (SERPA, 2003).

Existe um número infinito de caminhos pelos quais podemos compreender o processo de vida. Nesse sentido, polarizar normal de um lado e patológico do outro faz com que estabeleçamos a construção de um modelo idealizado de ser saudável e de ser doente. No entanto, todo e qualquer parâmetro que usemos nessa direção do ideal, nos faz cair na armadilha de não observarmos o indivíduo como um todo e de determinarmos seu processo de adoecimento.

Um ser patológico está fechado em si mesmo. Apresenta dificuldades em detectar e em estimular suas potencialidades. Em função disso, acaba se frustrando e entrando em um círculo vicioso que o angustia e, aparentemente, não tem saída.

Não devemos nos esquecer de que o ser humano é muito mais do que um organismo físico em desenvolvimento processual e dinâmico. Ele também é fruto de suas relações e interações com o outro e com o contexto em que está inserido, em que é influenciado pelo meio e do qual, também, recebe sua influência.

3. O verdadeiro conceito de normalidade

A conceituação da normalidade tem relação com valor e, por isso, não é possível medi-la estatisticamente. Não se pode estabelecer que o normal seja compreendido a partir das diversas vezes que os mesmos dados ou fatos se repetem com indivíduos participantes de um mesmo grupo ou sociedade (CANGUILHEM, 1995).

Cada indivíduo tem dentro de si o que considera como padrão do ser normal. Na maioria das vezes, rejeitamos nossos desvios individuais, os considerando como comportamentos patológicos, preocupados com a repercussão que isso nos traria no contexto social. Socialmente, construímos modelos, que por si só são questionáveis, sobre o que seria aceitável como normal ou doentio. Estabelecemos uma forma de viver baseada nesses parâmetros, que podem contribuir ou não com o nosso desenvolvimento enquanto ser humano.

Nossa maneira de conceber o que é normal é muito arcaica. Mas só podemos planejar como queremos construir uma nova maneira de viver quando somos jovens. Talvez isso justifique o arcaísmo de nossa forma de conceber normalidade (CANGUILHEM, 2009).

Para que possamos melhor compreender o que estaria dentro de certo padrão de normalidade em cada fase de desenvolvimento, desde o momento do nascimento, é importante que conheçamos alguns dos principais aspectos de cada faixa etária. É significativo ressaltar que as faixas etárias indicadas nas tabelas a seguir, servem tão somente como referência, pois cada indivíduo amadurece singularmente e na dependência dos fatores genéticos e das experiências vivenciadas no contexto social (BOSSA, 2003).

Faixa etária: de zero a dois anos de idade

Desenvolvimento afetivo-emocional	Etapa oral • Momento de estruturação egoica. • Perceptível relação simbiótica e luto da separação. • Princípios de prazer e de realidade.
Desenvolvimento cognitivo	Etapa sensório-motora • Através de ações, a criança vai descobrindo o mundo que a cerca.
Principais aquisições	• Presença de simbolismos nas relações familiares e sociais. • Princípio da atividade lúdica. • Desenvolvimento motor – movimentação voluntária dos membros superiores e inferiores. • Observação do mundo que cerca a criança e, nesse sentido, aproximação dos dados da realidade.
Aprendizados fundamentais	• Andar. • Expressão da linguagem oral. • A brincadeira como forma de interagir com outros indivíduos e com o meio em que está inserido.
Necessidades básicas	• Toque. • Exploração do meio em que está inserido. • Compreensão das expressões faciais e corporais das pessoas com quem convive.

Faixa etária: de dois a três anos de idade

Desenvolvimento afetivo-emocional	Etapa anal • Controle esfincteriano. • Primeiras reações comportamentais de aceitação e rejeição diante de acontecimentos. • Mecanismos de defesa: controle, ambivalência.
Desenvolvimento cognitivo	Princípio da etapa pré-operatória • A criança consegue se lembrar de situações que experienciou. • A criança consegue representar mentalmente o que aprendeu e expressa verbalmente, ou através de desenho, o que foi vivido.
Principais aquisições	• A criança inicia o processo de diferenciação do que é realidade, imaginação ou fantasia. • Relaciona-se com maior autonomia. • O nível de concentração aumenta. • Maior atividade de criação. • Consegue diferenciar o eu do outro. • Conforme assimila a realidade que a cerca, novos conceitos e ressignificados são construídos.
Aprendizados fundamentais	• Consegue jogar, desenhar e imitar (pessoas, situações, animais etc.). • Compreende as relações de tempo e espaço.

Necessidades básicas	• Brinquedos como mediadores para interagir e expressar sua compreensão do mundo ao seu redor. • Organizar o meio externo. • Exercer sua liberdade para controlar sua própria realidade.

Faixa etária: de três a sete anos de idade

Desenvolvimento afetivo-emocional	Etapa fálica • Consegue observar e identificar as diferenças anatômicas que existem entre os sexos. • Vivência do Complexo de Édipo. • Construção dos processos de identificação. • Sentimento angustiante relacionado à castração. • Estabelecimento e formação do superego.
Desenvolvimento cognitivo	Pensamento pré-operacional • A assimilação predomina sobre a acomodação. • Evidencia pensamento egocêntrico.
Principais aquisições	• Consegue se perceber como parte de um grupo social, uma coletividade, como: a família e a escola. • Passa a compreender a noção de tempo, por exemplo: ontem, hoje... • A imaginação está mais potencializada. • Princípio do brincar simbólico dentro do grupo.

Aprendizados fundamentais	- Imita e cria. - O jogo passa a ter regras que propiciam a aprendizagem de símbolos, que podem ser arbitrários. - O desenho evidencia a percepção dos detalhes do objeto e das situações captadas.
Necessidades básicas	- Que as perguntas direcionadas aos adultos sejam respondidas de maneira clara.

Faixa etária: de sete a onze anos de idade

Desenvolvimento afetivo-emocional	Fase de latência - Mecanismo de defesa: sublimação. - Desenvolvimento das interações sociais, propiciando a construção das relações afetivas.
Desenvolvimento cognitivo	Pensamento operacional concreto - Pensamento com logicidade. - Reflexão interna sobre os acontecimentos vividos no coletivo. - Pensamento com reversibilidade. - Noção de conservação.

Principais aquisições	• Capacidade de desenvolver operações mentais. • Consegue socializar o pensamento. • Percebe e é capaz de cumprir regras e de expressar o que considera certo ou errado, justo ou injusto etc. • Capacidade de fazer classificações e de seriar objetos. • O pensamento é mais detalhado e, até mesmo, com certo grau de cientificidade.
Aprendizados fundamentais	• Nessa fase, já conseguiu aprender sobre o mundo real e sobre as regras que se estabelecem entre seus pares e na coletividade. • A necessidade de expressar seus pensamentos e opiniões e de argumentar ideias e posicionamentos. • A necessidade de ter regras de convívio e de comportamento, que apresentem objetividade e coerência.

Na adolescência, as fases que estruturam a personalidade são atualizadas, o que tem como consequência as alterações de comportamento. Essas alterações, no entanto, não indicam necessariamente um quadro patológico. Por exemplo: quando adolescentes, revivemos os conflitos dos três anos ao estarmos com treze anos de idade. Aos catorze anos, retomamos a vivência de episódios que ocorreram ao estarmos com quatro anos de idade. Norteados por esse pensamento, nos referimos às alterações de comportamento que são atualizadas (BOSSA, 2003).

Uma ponte entre a antiga e a nova fase proporciona ao indivíduo o estabelecimento de novos conceitos e comportamentos. Os fatores internos e externos, em concomitância, favorecem a elaboração das situações conflituosas no âmbito psíquico, que são próprias de cada idade. A partir desses fatores e do que foi estruturado em nossa identidade, é que podemos ser encaminhados para uma personalidade neurótica ou para o que denominamos de "normalidade".

ATENÇÃO! Não existem limites precisos e enrijecidos entre o normal e o patológico.

Em nossa sociedade, consideramos que uma pessoa normal é aquela que acata e cumpre as regras que estão colocadas socialmente. Por outro lado, patológico ou indivíduo com comportamento anormal é aquele que expressa seu descompasso psíquico e comportamental em relação a si mesmo e em relação aos quais tem proximidade, por exemplo, por vínculos familiares, sociais e/ou acadêmicos. Duas pessoas podem ser impactadas, durante anos, pelos mesmos valores e influências, e não necessariamente construirão projetos e comportamentos que sigam a mesma direção.

Nesta Unidade, é importante que você tenha observado como os estudiosos divergem e convergem sobre os conceitos do que é normal e patológico.

No entanto, o profissional da área de Psicopedagogia deve se apropriar desses conhecimentos para que desenvolva diversos olhares sobre a amplitude que é o ser humano em sua forma de perceber a si e ao outro.

Glossário – Unidade 1

Ausência de sintomatologia – relativa à falta de sintomas ou sinais que indicam determinado quadro clínico.

Desviantes – atitudes e/ou comportamentos que demonstram estar fora do esperado pela maioria das pessoas. Certas ações desviam do que seria considerado, dentro de uma determinada sociedade e/ou cultura, algo previsível, natural e normal.

Epistemólogo – é o nome que se dá ao indivíduo que observa o comportamento de outros sujeitos e busca compreender de que forma eles captam o mundo que estão inseridos e como desenvolvem mecanismos para conhecê-lo.

Indicativos quantitativos – está relacionado com dados que podem ser medidos em sua quantidade.

Organicidade – está relacionada com o que é orgânico, corporal, do organismo.

Patologizar – induzir o foco de observação para o que é doentio, fora dos padrões estabelecidos por determinada cultura ou sociedade.

Psicopatologia – um dos campos da ciência que estuda o adoecimento do psiquismo humano e suas consequências, como o sofrimento em várias dimensões de interação: social, afetiva e cognitiva.

Ressignificado – o que ganha novo significado; nova forma de ser visto e/ou percebido.

Utópica – forma de pensar considerada o que não existe no real, presente apenas no pensamento, na ideia ou na imaginação.

UNIDADE 2
O CONTEXTO E OS SINTOMAS

Capítulo 1 O contexto do atendimento psicopedagógico, 26

Capítulo 2 Áreas de atuação da prática pedagógica, 29

Capítulo 3 Sintomas que direcionam o atendimento psicopedagógico, 34

Capítulo 4 A Escola, 37

Glossário, 39

1. O contexto do atendimento psicopedagógico

A Psicopedagogia está focada em como se processa evolutivamente a aprendizagem humana, seja dentro dos padrões normais, seja nos padrões patológicos.

Ela busca identificar e compreender:

- como se aprende;
- como ocorre a evolução da aprendizagem nos indivíduos;
- quais são os fatores que podem influenciar, tanto positiva como negativamente, o processo de aprender;
- onde, como e de que forma podem ser trabalhadas as dificuldades/transtornos/problemas de aprendizagem.

ATENÇÃO! Dependendo da abordagem teórica que embasa o trabalho psicopedagógico, a terminologia utilizada pode variar. Nesse sentido, encontramos dificuldades, transtornos, distúrbios e problemas de aprendizagem que, no contexto geral, acabam por ter o mesmo significado.

A abrangência do trabalho do psicopedagogo ganha espaço significativo a partir do momento em que ocupa seu lugar como campo de estudo e deixa clara a forma que aborda seu objeto de estudo.

O estudo e a prática psicopedagógica extrapolam os limites da Psicologia e da Pedagogia, o que proporciona novos olhares e direcionamentos para a **multidisciplinaridade** que envolve o processo de aprendizagem. Da Pedagogia, a Psicopedagogia herdou as faltas de definições e as contrariedades da existência humana, bem como o envolvimento com o que é particular e social ao mesmo tempo, em que são gerados processos de transformação. Já da Psicologia, herdou a dualidade entre o que é psíquico e o que é físico (BOSSA, 2000).

ATENÇÃO! O trabalho desenvolvido pela Psicopedagogia pode ser realizado em consultório, escola, comunidades ou em instituições.

A Psicopedagogia está ocupada com todo o contexto que circunda a aprendizagem, seja clínica, preventiva ou assistencial (BOSSA, 2000).

É importante ressaltar que o trabalho de prevenção dentro do atendimento psicopedagógico é sempre clínico, tendo em vista que este, de alguma forma, gera **indicativos** de tratamento para que não apareçam outros transtornos, distúrbios, dificuldades e problemas de aprendizagem.

O diagnóstico em Psicopedagogia pode ser compreendido como uma avaliação clínica, tendo em vista que é a partir de uma queixa principal, relacionada a alguma dificuldade em aprender, que todo o processo avaliativo se principia.

> *PARA SABER MAIS! Voltando a nossa atenção para o processo histórico da Psicopedagogia, identificamos que o profissional dessa área quando ingressou em instituições voltadas para a Educação, reproduziu o modelo que era usual no consultório.*

O profissional da Psicopedagogia deve ter um referencial teórico para suporte tanto de sua prática de prevenção dos problemas de aprendizagem como da sua prática clínica (PORTO, 2007).

Buscando compreender como o indivíduo aprende ou não conceitos e definições, e como faz sua leitura de mundo, é que se dá a partida para diagnosticar, fazer intervenções, desenvolver o tratamento ou encaminhar ao profissional melhor indicado. O profissional com formação em Psicopedagogia deve priorizar, tanto no contato com a família do indivíduo quanto no contato com o próprio indivíduo, uma maneira de falar mais acessível e sem tantas expressões técnicas ou teóricas.

Nas entrevistas, é fundamental que o espaço para a conversação seja estimulado, pois só assim, ao compartilhar o que se conhece do sujeito, seja criança ou adolescente, abrirá **possibilidades assertivas** para o acompanhamento psicopedagógico.

De um lado está o psicopedagogo, profissional especializado em lidar com todos os aspectos que envolvem o processo de aprendizagem e seus distúrbios; de outro, encontramos a família, que é conhecedora da história, das ansiedades em relação ao futuro, dos **enigmas** e da rede de relacionamento do sujeito que está em avaliação (ANDERSON; GOOLISHIAN, 1998).

Um autor que se destaca na Psicopedagogia é o psicólogo social argentino Jorge Pedro Luis Visca (1935-2000). Ele foi o criador da epistemologia convergente.

> *PARA SABER MAIS! O Centro de Estudos da Aprendizagem Tekoa é um espaço de investigação, reflexão e discussão sobre a aprendizagem humana e seus inúmeros significados. Oferece atividades e serviços relacionados à psicopedagogia preventiva e terapêutica. Disponível em: <www.tekoa-aprendizagem.com.br/paginas/visca_e_o_tekoa.shtml>. Acesso em: jun. 2015.*

Na epistemologia convergente, sugere-se que a integração de três escolas de pensamento da Psicologia poderia dar suporte para o atendimento psicopedagógico clínico, tendo em vista a abrangência de cada uma delas. As escolas propostas por Visca são:

- Psicanalítica, na qual o médico neurologista e fundador dessa teoria, Sigmund Schlomo Freud (1856-1939), por meio de seus estudos, trouxe significativa contribuição ao abordar os aspectos afetivos;
- Piagetiana, teoria que leva o nome de seu fundador, o epistemólogo Jean William Fritz Piaget (1896-1980), que trouxe grande contribuição com os estudos sobre os aspectos cognitivos; e
- Pichoniana ou Psicologia Social, defendida pelo psiquiatra e psicanalista Enrique Pichon Rivière (1907-1977), que destacou-se por abordar os aspectos sociais.

A Psicopedagogia foi assimilando as contribuições de cada uma dessas escolas e, paralelamente, foi tomando posição como uma área de conhecimento independente e complementar (BOSSA, 2000).

A aprendizagem humana faz a **confluência** entre aspectos afetivos, cognitivos e do contexto social no qual o indivíduo está inserido, e é nesse sentido que a Psicopedagogia vai construindo suas observações, intervenções e tratamento das dificuldades de aprendizagem.

A afetividade, a cognição e as interações sociais que transcorrem no decorrer da vida do ser humano influenciam a forma de assimilar o processo de aprendizagem, assim como este influencia os aspectos inicialmente citados.

2. Áreas de atuação da prática pedagógica

Outras áreas de conhecimento, além do processo de aprendizagem e suas variantes, norteiam a prática psicopedagógica. São elas:

I) Sociologia – contribui com seu olhar sobre como se organizam e funcionam as sociedades humanas. Descreve e analisa comportamentos sociais que especificamente acontecem nas relações institucionais e sociais.

II) Linguística – contribui com o embasamento sobre língua e linguagem. Leva--nos a compreender como se caracterizam língua e linguagem, tipicamente humanas e culturais, trazendo dentro de si o fenômeno da subjetividade.

III) Filosofia – por meio de seus argumentos lógicos, da análise dos conceitos e das experiências do pensar, como uma área de conhecimento mais abrangente, procura aprofundar sua visão sobre as questões pertinentes à existência, ao conhecimento, à verdade, aos valores estéticos, à mente, à linguagem e aos valores morais.

IV) Neurologia – seus estudos sobre a estrutura do sistema nervoso humano proporcionam um melhor diagnóstico dos distúrbios e das doenças que acometem os sistemas nervoso central, periférico e autônomo.

V) Psicanálise – ao levar em conta o mundo inconsciente e as suas representações internas, evidenciadas na dinâmica psíquica percebida através dos simbolismos e das sintomatologias, permite que conheçamos o desejo do ser humano.

VI) Pedagogia – contribui, do ponto de vista do educador, com as diversas abordagens sobre o processo de ensino-aprendizagem.

VII) Psicologia Social – seu foco está nas relações que se estabelecem nos grupos familiar, social e institucional. São relevantes, também, suas observações sobre as condições econômicas e socioculturais específicas que envolvem o sujeito. Esses contextos, que envolvem o ser humano e que proporcionam sua aprendizagem, serão o foco dessa área de conhecimento.

VIII) Epistemologia e Psicologia Genética – essas duas áreas de conhecimento são complementares entre si. Buscam analisar e descrever o processo de construção do conhecimento, evidenciado pelo sujeito em interação com os outros e com os objetos.

IX) Neuropsicologia – possibilita nossa compreensão sobre como se estabelecem e se desenvolvem os mecanismos cerebrais na busca por atividades mentais mais aprimoradas. Nessa área de conhecimento, passamos a localizar e entender, do ponto de vista orgânico, as influências que este gera no psiquismo humano.

Importante lembrar que todas as áreas citadas são conhecimentos relevantes, que auxiliam o psicopedagogo a compreender a aprendizagem humana e que, com isso, tornam-se norteadores para o trabalho psicopedagógico.

> *PARA SABER MAIS! O MLS Psicopedagogia é um site que vale a pena visitar. Ele apresenta dicas de bibliografia, filmes, vídeos, terminologias mais usadas em Psicopedagogia, jogos e brincadeiras, além de tópicos que abordam os transtornos/distúrbios/dificuldades de aprendizagem. Disponível em: <www.mlspsicopedagogia.com/index.html >. Acesso em: jun. 2015.*

Ao abordarmos a questão do atendimento e do diagnóstico em Psicopedagogia, precisamos ter a clareza de que só poderemos analisar o que é passível de ser identificado.

Sendo assim, é necessário que saibamos:

- O que estamos diagnosticando;
- Para que estamos diagnosticando; e
- Por que estamos diagnosticando

Se o psicopedagogo estiver voltado para a investigação das questões que envolvem dificuldades/problemas/distúrbios/transtornos de aprendizagem, precisará se deter em todos os indicativos que podem lhe dar as respostas que procura.

Será que as questões partem do núcleo familiar? Do ambiente escolar? Do próprio sujeito? Da sociedade em que está inserido? De outras variáveis?

Enfim, todas as perguntas devem ser formuladas no sentido de direcionar o melhor atendimento psicopedagógico.

É evidente que as respostas não acontecerão de forma imediata e clara. É preciso que o psicopedagogo tenha um olhar atento para observar e identificar o que está nas entrelinhas, o "**não dito**".

Retomamos aqui o quanto é relevante o investimento na formação do psicopedagogo no sentido de que ele:

- aprofunde seus conhecimentos técnicos e teóricos;
- aprimore seus recursos na "arte de dialogar", pois o ajudará a compreender as mensagens subliminares, envoltas por inúmeros significados na essência das dificuldades evidenciadas e verbalizadas na queixa principal.

> *ATENÇÃO! Nossa linguagem tem significado e significância tanto para quem a emite quanto para quem a escuta.*

O psicopedagogo precisa desenvolver algumas habilidades que muito o ajudarão em sua caminhada profissional. Exemplos de algumas habilidades importantes a serem desenvolvidas pelo profissional da psicopedagogia (MENDES, 2007):

- Habilidade de ouvir – escutar o que o outro tem a dizer possibilita que o psicopedagogo conheça mais do indivíduo que está sendo avaliado e permite, também, que este se ouça;
- Habilidade de se surpreender com a novidade – observar como o ser humano é capaz de transformar uma história de dor e sofrimento em uma nova forma de lidar com a vida, aprendendo novos caminhos e reestruturando antigos conceitos e comportamentos;
- Habilidade de perguntar – ao buscarmos respostas sobre as questões que nos mobilizam e nos levam a refletir, ampliamos nossa noção de mundo e, com isso, adotamos nova postura diante de um sintoma relacionado a uma aprendizagem disfuncional;
- Habilidade de recomeçar com um novo olhar – quando o caminho trilhado já não traz mais os recursos esperados, recomeçar, com novo olhar e novas perspectivas, faz com que o sujeito construa novas histórias e novas formas de vivenciar o mundo em que está inserido.

O olhar psicopedagógico faz com que as queixas, trazidas pelos professores, familiares ou até mesmo pelo sujeito, possam ser minuciosamente observadas e direcionadas adequadamente dentro de uma **proposta interdisciplinar** construída.

Olhar o que já passou, viver o presente e olhar para o futuro, esse sim é o olhar psicopedagógico, o olhar da possibilidade da construção a partir do que já se sabe (RODRIGUES, 2009).

O olhar psicopedagógico precisa caminhar em busca de resposta sobre o porquê da dificuldade do sujeito em aprender e o que o está impedindo o desenvolvimento de seu potencial no processo de aprendizagem.

O olhar psicopedagógico desenvolvido, necessariamente, nos remeterá à escuta psicopedagógica.

> *ATENÇÃO! Cada história narrada pelo sujeito é significativa e deve ser acolhida com atenção e respeito.*

Mesmo com o olhar e a escuta psicopedagógicos, nem sempre teremos todas as respostas.

A conversa terapêutica, por sua vez, possibilita a identificação de significados relacionados às ações dos indivíduos envolvidos no processo psicopedagógico (BRUN; RAPIZO, 1989). No entanto, se faz necessário que o psicopedagogo trabalhe dentro de todo o contexto investigado e intervenha adequadamente, observando que cada caso é um caso; cada pessoa é uma pessoa.

Ter a preocupação em responder tudo a tempo e a hora, também, pode gerar transferência de sentimentos, angústias e medos que podem partir do psicopedagogo para o sujeito que está em avaliação. Sendo assim, o psicopedagogo precisa compreender como é o mundo em que o sujeito está inserido e levá-lo a **ressignificar** suas falas, suas fantasias, seus medos e, principalmente, a entender o significado de aprendizagem e de aprender para este educando (RODRIGUES, 2009).

> *ATENÇÃO! A compreensão de como o sujeito aprende gera transformação em seu jeito de aprender.*

Reconhecer, por parte da criança, do adolescente e dos pais, a existência de uma lacuna no processo de aprendizagem, propicia um bom início de atendimento e avaliação psicopedagógicos. O reconhecimento da falta é o princípio da mudança.

É relevante destacar que cada pessoa é uma pessoa; cada história de vida é uma história que foi vivida e teve significação para quem a viveu; cada caso é um caso, e todas as experiências vivenciadas têm suas peculiaridades e são totalmente singulares e individuais. Na perspectiva psicopedagógica, toda e qualquer situação

do educando que apresenta dificuldades, transtornos, problemas, é vista dentro de um universo contextualizado, seja no ambiente escolar ou familiar.

O trabalho com a família é essencial. Os educandos só se sentirão estimulados a alterações em sua forma de agir, se perceberem que sua família caminha com eles e os apoiam. Vale ressaltar que, no atendimento psicopedagógico, o trabalho com as famílias é apenas um dos dados diagnósticos dentro do processo psicopedagógico (RODRIGUES, 2009). Cada membro familiar trará sua contribuição para o processo proposto pelo psicopedagogo no momento em que este estará investigando as causas que levam o sujeito a não aprender.

Todos os sujeitos e os sistemas fazem parte do contexto diagnóstico do processo de aprender. Entre eles, está a instituição escolar na qual todos são personagens de destaque e estão em envolvimento total no processo ensino-aprendizagem (BASSEDAS e Col., 1996).

Voltarmo-nos para um contexto diagnóstico é concebermos que aprender e ensinar:

- faz parte de lugares distintos;
- significa que o professor e o aluno estão interagindo e compartilhando conhecimentos;
- significa que a escola é o espaço de construção para o ensinamento e para a aprendizagem;
- significa dinamizar a prática educativa.

Por meio do diagnóstico, o psicopedagogo busca compreender as dificuldades/transtornos/problemas de aprendizagem, levando em consideração tanto o educando que consegue como aquele que não consegue aprender.

Os problemas de aprendizagem não são restritos, e nem devem ser abordados apenas a partir das causas psicológicas, físicas ou sociais. É importante que compreendamos que os problemas de aprendizagem devem ser abordados a partir de uma multivisão, por meio da qual seja possível contemplar tanto as interações sociais quanto os aspectos orgânicos, afetivos, cognitivos e pedagógicos (SCOZ, 1994).

As questões que envolvem o processo de aprendizagem, principalmente no que se refere às suas dificuldades, fazem parte do contexto dinâmico do desenvolvimento humano em todos os aspectos que foram citados.

Assim sendo, cada ser humano capta e aprende tudo o que lhe cerca, como uma experiência única e pessoal.

No ambiente escolar, o diagnóstico psicopedagógico deve se desenvolver de maneira que o profissional de Psicopedagogia tenha acesso às salas de aula.

Esse diagnóstico deve ser iniciado a partir dos dados que emergem da observação sistemática e detalhada do desempenho cognitivo dos educandos e de como eles estabelecem vinculação com tudo e com todos que os cercam (VINOCUR, 2003).

Importante que tenhamos claro que na Psicopedagogia é fundamental ser levado em consideração todo o contexto que envolve o sujeito.

3. Sintomas que direcionam o atendimento psicopedagógico

Os sintomas que indicam que o sujeito apresenta dificuldade, problema, distúrbio ou transtorno de aprendizagem geralmente vêm acompanhados de vários fatores que se comunicam entre si. No entanto, a origem precisa sobre quando surgem os impasses no processo de aprender ainda é fruto de muitas pesquisas. Existem muitas hipóteses, mas ainda precisamos avançar cientificamente.

Como o foco do trabalho do profissional de Psicopedagogia é o que envolve a evolução da aprendizagem humana, tanto na normalidade quanto nos quadros patológicos, é importante que conheçamos o que nos orienta o *Manual Diagnóstico e Estatístico de Transtornos Mentais*, DSM-IV, e a Classificação Internacional de Doenças -10, CID-10.

> *PARA SABER MAIS! Só a partir de 1980 é que as pesquisas sobre distúrbios de aprendizagem ganharam espaço de relevância.*

No DSM-IV, (APA, 1994) podemos encontrar a classificação dos transtornos relacionados à aprendizagem.

No referido manual, o transtorno de aprendizagem está ligado a alterações no processo de aprender que acarretam, para o sujeito, dificuldades:

- de percepção;
- de compreensão;
- de **retenção mnemônica**;
- no uso adequado das informações captadas.

Na CID-10, os problemas que se referem à aprendizagem são classificados como Transtornos Específicos do Desenvolvimento das Habilidades Escolares (F81), que também estão inseridos nos Transtornos do Desenvolvimento Psicológico (F80 a F89).

Os dois transtornos possuem algumas similaridades:

- surgem durante a infância.
- demonstram que o sistema nervoso está comprometido e que o desenvolvimento de suas funções não maturou.
- não há o desaparecimento dos sintomas.

Alguns dos transtornos de aprendizagem comumente identificados no ambiente escolar são:

a) dislexia ou transtorno da leitura – está relacionado à grande dificuldade em processar a leitura e a escrita, gerando a não compreensão das palavras escritas. Alguns sintomas são: as palavras apresentam diferentes formas e não existe uma padronização em relação aos erros ortográficos.

b) Transtorno de *Déficit* de Atenção e Hiperatividade – está relacionado às dificuldades de atenção e de controle das atividades cerebrais e motoras que estão em hiperestimulação. É um dos transtornos que gera inúmeras dificuldades no processo de aprendizagem. Alguns sintomas são: agitação psicomotora e atenção dispersa.

c) Disortografia – está relacionada à dificuldade de relacionar a linguagem e a escrita gramatical. Alguns sintomas são: escrita com muitos erros, leitura disritmada e o não reconhecimento da tonicidade nas sílabas.

d) Disgrafia – está relacionada à dificuldade na escrita. Um dos sintomas é letra que impede a leitura correta do que está impresso.

e) Discalculia ou Transtorno da Matemática – está relacionada às dificuldades de cálculo e de lidar com os números. Alguns sintomas são: o não reconhecimento dos diferentes números; a não identificação de sequência numérica e a falta de domínio no processo de calcular.

f) Disartria – está relacionada à dificuldade na articulação da fala. Alguns sintomas são: falar exageradamente lento e fala arrastada.

Na visão da Psicopedagogia, os transtornos de aprendizagem são vistos como sintomas, pois além de não perdurarem para a vida inteira do sujeito, são possíveis de serem trabalhados e reestruturados. A forma de lidar com esses sintomas, evidenciados pelo sujeito, é entender que, por algum motivo, todo o sistema humano precisou fazer esse movimento para se equilibrar. E esses sintomas são sinais que demonstram que o organismo está descompensado.

Alguns sinais importantes geralmente observados em pessoas com Transtornos Específicos de Aprendizagem – TEA são: dificuldades com notas e atividades pontuadas, apresentando baixo rendimento; maior facilidade e desenvoltura em avaliações nas quais podem se expressar verbalmente, em vez de utilizar da escrita; em razão de suas dificuldades para aprender, apresentam comportamento mais retraído e se sentem inferiorizados diante dos colegas de turma; frequentemente são rotulados como alguém que não quer compromisso com o processo de aprendizagem, preguiçoso, sem interesse em aprender etc.

Os transtornos de aprendizagem se baseiam em dois núcleos:

- o próprio sujeito – a própria pessoa apresenta suas limitações psicológicas ou emocionais no processo de aprender. Esses motivos podem estar relacionados a vários fatores, entre eles: a dificuldade no processamento cerebral da informação, os métodos pedagógicos utilizados que não despertam no indivíduo a prontidão para aprender, entre outros;

- a família – diariamente, aprendemos no seio familiar vários níveis de conhecimento, desde o que é mais simples até o que é mais complexo. Já demonstramos, desde o nascimento, que queremos saber mais... queremos aprender sobre tudo e todos que nos cercam. Dessa forma, é muito importante que a família seja um núcleo incenti-

vador e apoiador de seus membros, pois são referências importantes na história de vida deles. Quando isso não ocorre, é possível identificar comprometimentos afetivos e vinculares que impedem o avanço do processo cognitivo.

4. A Escola

A escola tem, em geral, bastante relevância na vida das pessoas. É uma das formas do indivíduo estar inserido na sociedade, absorver seus códigos e de se sentir parte do contexto sociocultural. A escola também é geradora de comportamentos neuróticos, no sentido que os vínculos e a interação entre os sujeitos despertam ações, sentimentos, angústias, comportamentos adequados ou inadequados socialmente, entre outros sentimentos que levam o indivíduo a, constantemente, se reprogramar diante de novos acontecimentos e saberes.

Na instituição escola, por exemplo, o psicopedagogo desenvolve seu trabalho realizando diagnóstico e prevenção das dificuldades/distúrbios/transtornos/problemas de aprendizagem. É importante que esse profissional construa ações de prevenção e crítica em relação ao fracasso escolar, um dos grandes desafios da Educação e que tem gerado inúmeros estudos.

ATENÇÃO! O psicopedagogo, na instituição escolar, deve incentivar melhorias na prática pedagógica. O prazer em ensinar e o prazer em aprender fazem com que professores e alunos atuem, de forma diferenciada e dinamizada, diante dos desafios de aprendizagem que surgem no decorrer do processo ensino-aprendizagem.

Os elementos que envolvem os transtornos de aprendizagem e que estão em constante **dinâmica interacional** são:

- fatores orgânicos;
- fatores cognitivos;
- fatores emocionais;
- fatores ambientais.

Vale lembrar que os sintomas são gerados na interação e na vinculação de todos os sistemas, tanto internos quanto externos, que se processam nas etapas de desenvolvimento do ser humano.

O psicopedagogo, a partir dos conhecimentos de todos os fatores anteriormente listados, abre possibilidades para intervir adequadamente e iniciar junto ao sujeito o processo de superação dos transtornos/dificuldades/problemas de aprendizagem.

Ele pode utilizar vários recursos para identificar a natureza dos sintomas, como (RUBINSTEIN, 1996):

- entrevistar a família;
- investigar os motivos que levam à consulta com o psicopedagogo;
- realizar a anamnese para conhecer a história de vida do sujeito;
- entrevistar o educando com dificuldades no processo de aprendizagem;
- contatar a escola e outros profissionais que acompanham, fora do ambiente escolar, o educando;
- manter atualizada a parceria com a família para que o processo psicopedagógico avance em seus resultados.

PARA SABER MAIS! O Portal do Professor divulgou listagem de livros sobre dificuldades de aprendizagem, publicada no Portal Brasil. Disponível em: <www.brasil.gov.br/educacao/2014/07/portal-do-professor-disponibiliza-lista-de-livros-sobre-dificuldades-de-aprendizagem>. Acesso em: jun. de 2015.

Glossário – Unidade 2

Confluência – faz com que dois ou mais elementos se encontrem em um mesmo ponto; comunicação entre processos, a princípio, distintos.

Dinâmica interacional – envolvimento de várias pessoas, elementos ou sistemas que, em movimento constante, se organizam e se reorganizam.

Enigmas – algo que ainda está obscuro ou oculto, mas que é possível de ser desvendado.

Indicativos – dados e/ou sinais que indicam alguma informação.

Multidisciplinaridade – várias disciplinas; várias áreas de conhecimento.

Não dito – o que não foi explicitamente falado.

Possibilidades assertivas – caminhos possíveis para encontrar uma verdade ou algo afirmativo ou certeiro.

Proposta interdisciplinar – sugestão para desenvolver algum tipo de atividade entre várias disciplinas e/ou várias áreas de conhecimento afins.

Ressignificar – gerar novo significado.

Retenção mnemônica – conseguir memorizar, guardar na memória.

UNIDADE 3
A DESCRIÇÃO E EXPLICAÇÃO A-HISTÓRICA E HISTÓRICA

Capítulo 1 Introdução, 42

Capítulo 2 A descrição e explicação a-histórica, 42

Capítulo 3 A descrição e explicação histórica, 50

Glossário, 60

1. Introdução

O processo ou a avaliação psicopedagógica permite que o psicopedagogo, paulatinamente, trace o diagnóstico, o **prognóstico** e, posteriormente, a indicação da intervenção necessária. Compondo o diagnóstico psicopedagógico, o profissional de Psicopedagogia deve observar:

a) o que é descrito pelo próprio sujeito ou por seus familiares, bem como o contexto em que a situação descrita está inserida nos aspectos psicossocial, institucional e social;

b) os sintomas evidenciados e que refletem as dificuldades do sujeito;

c) a descrição e explicação a-histórica;

d) a descrição e explicação histórica;

e) os desvios e a **falta de sincronia** nos dados que estão em levantamento e são percebidos pelo avaliador.

Nesta unidade, focaremos na descrição e explicação a-histórica e histórica.

2. A descrição e explicação a-histórica

A descrição e explicação a-histórica refere-se à avaliação psicopedagógica em si e as causas atuais que estão provocando a dificuldade do sujeito.

Uma das maneiras de investigar o modelo de aprendizagem que o sujeito está vivenciando em seu dia a dia é a realização da Entrevista Operativa Centrada na Aprendizagem – EOCA.

Essa entrevista é um instrumento que absorve os conhecimentos da Psicologia Social, de Pichon-Rivière (1907-1977), da Psicanálise, desenvolvida por Sigmund Schlomo Freud (1856-1939) e, também, no método clínico da Escola de Genebra (BOSSA, 2000).

ATENÇÃO! A EOCA foca na investigação do modelo de aprendizagem absorvido pelo sujeito que está em avaliação psicopedagógica.

A EOCA é um instrumento que viabiliza dar voz à pessoa que está no processo de avaliação, estabelecendo um contato mais direto na entrevista.

A EOCA tem como objetivos:

a) identificar os sintomas e, a partir deles, construir as hipóteses que justificam as possíveis causas dos transtornos/dificuldades/problemas/distúrbios de aprendizagem;

b) fazer o levantamento de quais elementos dificultam o processo de aprendizagem do sujeito e como ele se relaciona com esses fatores que o impedem de adquirir novos conhecimentos;

c) conseguir acessar as informações que dizem respeito aos aspectos cognitivos, sociais e afetivos do sujeito que será avaliado;

d) formular um conjunto integrado de hipóteses sobre as possíveis causas dos impasses no processo de aprendizagem;

e) delinear focos de intervenção e investigação dos impasses do aprender.

Essa entrevista pode ser considerada uma técnica simples; no entanto, é significativamente rica em seus resultados, se observarmos o quanto podemos sondar por meio dela.

Durante a realização da entrevista, é fundamental observar:

1) a temática – neste aspecto, é importante que o psicopedagogo esteja atento a tudo o que o sujeito, que está em **processo avaliativo**, está verbalizando. É significativa a relação do sujeito com a aprendizagem, o que ele expressa claramente e o que é dito nas entrelinhas, o "não dito".

2) a dinâmica – nesse aspecto, é importante analisar a maneira como o sujeito que está em avaliação psicopedagógica se comporta: seu gestual, sua postura corporal, suas expressões faciais, entre outros pontos que o psicopedagogo considere relevante ter como **dado observacional**.

3) o produto – esse aspecto é entendido como a construção do sujeito, o que ele deixou registrado no papel e/ou construiu com os recursos que lhe foram disponibilizados.

Somente a partir desses três aspectos citados é que o psicopedagogo poderá levantar hipóteses que, posteriormente, serão minuciosamente observadas no processo diagnóstico. Durante a EOCA o avaliador solicitará ao sujeito que demonstre o que conhece, como faz e como aprendeu a fazer.

ATENÇÃO! Nem sempre o sujeito que está sendo avaliado quer mostrar o que está, na realidade, acontecendo com ele.

Para isso, utiliza-se de recursos materiais que devem estar disponibilizados em cima da mesa e que também devem ser oferecidos para que o sujeito em avaliação se expresse da maneira que achar melhor.

O psicólogo social argentino Jorge Pedro Luis Visca (1935-2000) destaca em seus estudos que no momento de conduzir as **consignas** e construir as perguntas, devem ser levados em consideração a faixa etária do sujeito em avaliação e seu nível de escolarização.

ATENÇÃO! O psicopedagogo deve ter o cuidado de não influenciar ou induzir respostas ao entrevistado.

Algumas sugestões de como proceder no momento da EOCA:

- "Gostaria de conhecer o que você sabe fazer, o que te ensinaram e o que você aprendeu."
- "O material que está aqui na mesa pode ser usado por você, caso queira usá-lo para demonstrar o que sabe e o que aprendeu."
- Com esses materiais aqui disponíveis, você pode fazer qualquer coisa que lhe vier à cabeça para se expressar.

O entrevistado pode apresentar variados comportamentos após as instruções. Ele pode reagir de forma mais extrovertida ou introvertidamente.

Dessa forma, é interessante empregar o modelo de alternativa múltipla, cujo objetivo é provocar respostas vindas do sujeito que está em avaliação (VISCA, 1987).

PARA SABER MAIS! Acesse o link para obter sugestões de livros que abordam especificidade e conceituação da Psicopedagogia; Psicopedagogia e áreas do conhecimento; Psicopedagogia e contextos de aprendizagem; diagnóstico e intervenção Psicopedagógica e pesquisa em Psicopedagogia. Disponível em: <http://site.cfp.org.br/wp-content/uploads/2006/06/bibliografia_Psicopedagogia.pdf>. Acesso em: jun. 2015.

Quanto aos materiais utilizados na Entrevista Operativa Centrada na Aprendizagem, optamos por mesclar a sugestão para a fase escolar, proposta por Visca (1987) e por outros profissionais que atuam na área de Psicopedagogia.

Os materiais selecionados são:

- folhas lisas, tamanho papel carta, ofício ou A4;
- folhas pautadas;

- lápis novo sem ponta;
- apontador;
- caneta esferográfica;
- borracha;
- tesoura;
- papel fantasia (em quadrados de 10 x 10 cm);
- régua;
- marcadores;
- livros ou revistas;
- barbantes;
- cola;
- massa de modelar;
- lápis de cor;
- lápis de cera;
- quebra-cabeça;
- outros materiais que o avaliador/entrevistador considerar necessários.

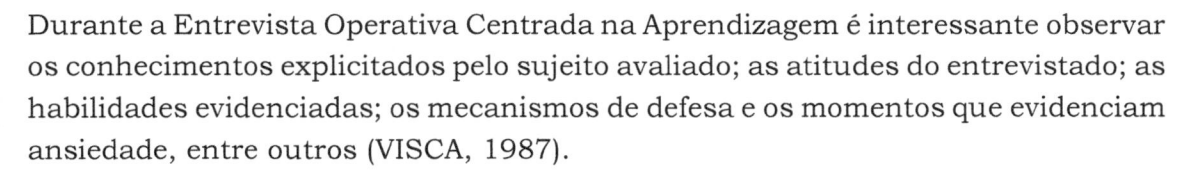

Durante a Entrevista Operativa Centrada na Aprendizagem é interessante observar os conhecimentos explicitados pelo sujeito avaliado; as atitudes do entrevistado; as habilidades evidenciadas; os mecanismos de defesa e os momentos que evidenciam ansiedade, entre outros (VISCA, 1987).

A seguir, sugerimos um modelo de EOCA.

Vale ressaltar que é possível encontrar modelos mais ou menos complexos, variando de acordo com a experiência profissional do psicopedagogo que está aplicando a EOCA.

Sugestão de Modelo de EOCA

I. IDENTIFICAÇÃO	
Nome	
Data de nascimento	
Idade	
Unidade escolar	
Escolaridade	
Turma	

II. VIDA ACADÊMICA	
A. Alguma repetência?	( ) sim ( ) não
Em que nível de escolaridade?	
B. Qual a sua disciplina predileta?	
Por quê?	
Desde quando?	
C. Qual a disciplina que gosta menos ou não gosta?	
Por quê?	
Desde quando?	
D. Qual (Quais) a(s) disciplina(s) que não faz(em) muita diferença ou que é (são) indiferente(s) para você?	
Sempre foram essas?	( ) sim ( ) não
Por quê?	
E. O que deseja fazer quando crescer?	
Por quê?	
F. Como foi sua entrada na escola atual?	
Você passou por outras escolas?	( ) sim ( ) não
Como foi?	
G. Você sabe por que está aqui comigo hoje?	( ) sim ( ) não
O que achou da ideia?	
H. Você está aqui porque seus pais, o colégio ou os seus professores o obrigaram?	
Eles têm razão?	( ) sim ( ) não
I. Se pudesse e tivesse de fazer algo por um estudante que se parecesse com você em sala de aula, o que aconselharia: Aos pais?	
Aos professores?...................................	

Sugestão de modelo de roteiro de observação

Nesse roteiro, o psicopedagogo entrevistador deverá marcar apenas o que observou no momento da Entrevista Operativa Centrada na Aprendizagem.

I. EM RELAÇÃO À TEMÁTICA	
( )	Fala bastante durante o tempo da sessão.
( )	Fala pouco durante o tempo da sessão.
( )	Expressa-se bem com as palavras.
( )	Expressa-se com facilidade.
( )	Apresenta dificuldades em sua expressão oral.
( )	Fala de suas ideias, vontades e desejos.
( )	Mostra-se retraído ao expor suas ideias, vontades e desejos.
( )	Sua fala tem lógica e sequência de fatos.
( )	Parece viver num mundo fantasioso.
( )	Percebe a diferença do que é real e do que é imaginário.
( )	Conversa com o psicopedagogo sem se constranger e sem ficar com melindres.

OBSERVAÇÕES:

II. EM RELAÇÃO À DINÂMICA	
( )	A tonalidade da voz é baixa.
( )	A tonalidade da voz é alta.
( )	Usa adequadamente o tom de voz.
( )	Usa de muita gesticulação para se expressar oralmente.
( )	Resiste em ficar sentado.
( )	É atento e concentrado.
( )	Movimenta-se o tempo todo.
( )	Troca de lugar e de objetos o tempo todo.

( )	Pensa sobre o que irá fazer antes de criar ou montar algo.
( )	Apresenta baixa tolerância à frustração.
( )	Desiste fácil diante de obstáculos.
( )	Persiste e tem paciência ao executar a tarefa.
( )	É caprichoso nas tarefas.
( )	Mostra-se desorganizado e descuidado.
( )	Possui hábitos de higiene e zela pelos materiais que manipula.
( )	Sabe como usar os materiais disponíveis e conhece a serventia de cada um.
( )	Ao pegar os objetos, coloca-os no lugar depois de usá-los.
( )	Não guarda o material que usou.
( )	Tem iniciativa.
( )	Ocupa todo o espaço que está disponibilizado.
( )	Apresenta postura corporal adequada.
( )	Apresenta dificuldade em segurar os objetos que pega, derrubando-os com facilidade.
( )	Faz brincadeiras, nas quais consegue dar asas à imaginação e usar símbolos.
( )	Expressa sentimentos nas brincadeiras.
( )	Consegue fazer leitura compatível com a sua escolaridade.
( )	Consegue interpretar o texto compatível com a sua escolaridade.
( )	Consegue fazer cálculos.
( )	Apresenta escrita compatível com sua escolaridade.

OBSERVAÇÕES:

III. EM RELAÇÃO AO PRODUTO	
( )	Faz o desenho e depois escreve.
( )	Escreve primeiro e depois desenha.
( )	Seus desenhos são claros e compreensíveis.
( )	Não consegue contar ou falar sobre os seus desenhos e sobre o que escreveu.
( )	Recusa-se a descrever sua produção para o psicopedagogo.
( )	Demonstra satisfação ao concluir sua atividade e mostrar sua produção.
( )	Demonstra insatisfação com as suas produções.
( )	Sente-se capaz para desenvolver o que lhe é proposto.
( )	Sente-se incapaz para desenvolver o que lhe é proposto.
( )	Os desenhos estão compatíveis com a idade do sujeito em avaliação.
( )	Prefere matérias que lhe possibilitem construir, montar, criar.
( )	Fica vinculado a produzir apenas com papel e lápis.
( )	Desenvolve as atividades com tranquilidade.
( )	Deixa evidente seu potencial agressivo por meio do seu comportamento, nos desenhos e/ou em outras produções.
( )	É criativo.

OBSERVAÇÕES:

CONCLUSÃO:

ENCAMINHAMENTOS:

3. A descrição e explicação histórica

A descrição e explicação histórica é a anamnese realizada com a família.

ATENÇÃO! A anamnese é a história de vida da pessoa.

A anamnese pode ser realizada somente com os pais ou com todos os membros da família.

O objetivo da anamnese é compreender as relações que estão estabelecidas no seio familiar e a representação de cada membro da família nesse contexto.

ATENÇÃO! A anamnese é essencial e fundamental no processo diagnóstico.

O levantamento dos vínculos significativos na história de vida da pessoa que será avaliada, seja criança ou adolescente, é um dado importante na anamnese (WEISS, 2003).

PARA SABER MAIS! A Psicopedagogia demonstra que as etapas utilizadas para fazer o processo de diagnóstico são diretamente influenciadas pelo modelo da Psicologia Clínica tradicional.

A técnica da anamnese é uma entrevista por meio da qual, a partir de um roteiro de perguntas, o psicopedagogo indaga os pais e/ou familiares sobre dados do sujeito que será avaliado.

> *ATENÇÃO! Esclareça e aos pais e os oriente: o atendimento psicopedagógico não é um reforço escolar.*

Essa entrevista busca uma visão global do indivíduo e de suas relações. A maneira de investigar os dados de vida da pessoa que será avaliada psicopedagogicamente não necessariamente deverá seguir uma ordem rígida. As etapas podem ser flexibilizadas a partir das necessidades que emergem no decorrer do processo avaliativo. Por exemplo: se os pais são separados e não mantêm um bom relacionamento, nada impede que as entrevistas sejam realizadas isoladamente, inclusive para que ambos se sintam mais confortáveis em expressar suas observações e opiniões.

A partir dos dados colhidos na anamnese, é possível levantar hipóteses de como direcionar cada caso e fazer a intervenção adequada.

Alguns dos objetivos da anamnese são:

- obter dados sobre as causas dos problemas/dificuldades/transtornos/distúrbios de aprendizagem que estão impedindo o sujeito em seu processo de aprender;
- investigar, da melhor maneira possível, a vida do sujeito, desde o nascimento até o momento atual, abordando seu desenvolvimento afetivo, cognitivo, social, biológico etc.;
- analisar os dados levantados na entrevista, observando os **elementos vinculares** e de desenvolvimento afetivo, cognitivo e social que possam justificar acompanhamento e avaliação psicopedagógicos;
- levantar hipóteses sobre a **sintomatologia** e a persistência dela;
- investigar o processo do indivíduo em sua maneira de aprender e as justificativas atribuídas à sua defasagem de aprendizagem;
- pesquisar os vínculos e modelos familiares internalizados pelo sujeito e que influenciaram seu processo de aprendizagem;
- determinar, a partir das hipóteses sugeridas e levantadas na entrevista, quais serão os **instrumentos diagnósticos** utilizados.

Concomitantemente à entrevista de anamnese, é importante que aconteça a entrevista contratual.

Desde o contato inicial com os pais, é importante que se estabeleçam limites bem definidos de relacionamento e ações a serem construídas no processo psicopedagógico.

Nesse sentido, a entrevista contratual é a base em que se estabelecerá os combinados do contrato de prestação de serviço profissional para a realização do diagnóstico psicopedagógico.

Constará deste contrato:

- os dias, o horário e o tempo de duração das sessões;
- o local de atendimento;
- os honorários pelo serviço a ser prestado;
- a forma de pagamento;
- a previsão da quantidade de sessões diagnósticas e o procedimento para encerramento;
- as atitudes esperadas durante o processo, principalmente, a parceria e o comprometimento da família;
- as atividades e funções que serão desenvolvidas durante todo o processo diagnóstico.

Vale ressaltar que os combinados da entrevista contratual devem ser esclarecedores não só para a família, mas também para o sujeito que estará em acompanhamento psicopedagógico.

A construção desse enquadramento na relação entre psicopedagogo, família e pessoa avaliada é significativa para que o processo, voltado para trabalhar as questões que impedem a aprendizagem, seja bem-sucedido.

Assim como na EOCA, a entrevista de anamnese pode ser elaborada com mais ou com menos dados, dependendo da necessidade e da formação do psicopedagogo que estará entrevistando.

Sugestão de modelo de anamnese psicopedagógica

I. IDENTIFICAÇÃO	
Nome:	
Data de nascimento:	
Sexo:	
Naturalidade:	

Filiação: a. Mãe: b. Pai:	
Número de irmãos:	
a. Idades e sexo:	
Endereço:	
Telefone residencial:	
Celular:	
E-mail:	

II. QUEIXA PRINCIPAL E SUA EVOLUÇÃO

Motivo da consulta ou da queixa:	
Quem fez a indicação para a avaliação psicopedagógica?	
Quando iniciou o problema?	
Como os pais agiram diante do problema?	
Como os pais se sentem?	
A criança faz outros atendimentos? Quais?	( ) sim ( ) não

III. HISTÓRICO FAMILIAR

Antecedentes familiares a. Doenças familiares que persistem por gerações (quem teve ou quem apresenta atualmente).	
a. Situação conjugal atual dos pais b. Há quanto tempo?	
Se os pais forem separados, houve acordo sobre quem ficaria com a criança? a. Como foi o acordo? b. Como a criança reagiu? c. Qual era a idade dela?	
Como é o relacionamento entre os pais? Brigam na frente dos filhos?	
Em caso de outro casamento: a. Como a criança reagiu? b. Como é o relacionamento com o(a) novo(a) cônjuge dos pais? c. Tem irmãos desse novo casamento? Quantos e qual a idade?	

No relacionamento com os irmãos: a. A criança demonstra preferir algum dos seus irmãos? Qual? b. A criança apresenta dificuldade de relacionamento? c. A criança verbaliza que não se acha tão amada pelos pais?	
Como a criança se relaciona com os pais?	
Qual a religião da família?	

IV. CONCEPÇÃO

Quais a idade dos pais na concepção? a. Pai b. Mãe	
Quando a criança foi concebida, os pais estavam juntos em quais circunstâncias? (Moravam juntos, eram namorados, casados, noivos etc.)	
Houve apoio dos familiares para a união do casal?	
A criança foi desejada?	
A criança foi planejada?	
Como se sentiram com a gravidez: a. Pai b. Mãe	
Qual era a situação afetiva e econômica do casal no período da gravidez?	
Houve tentativa de aborto? a. Qual o motivo? b. Qual foi o procedimento adotado?	( ) sim ( ) não
Houve aborto espontâneo? a. Quantas vezes? b. Qual a justificativa?	( ) sim ( ) não
A criança é adotada? a. Com que idade veio para a família? b. Como foi o processo de adoção? c. Qual a história que conhece da criança, antes do processo de adoção?	( ) sim ( ) não

V. GESTAÇÃO E NASCIMENTO

Houve dificuldades para engravidar? a. Qual a justificativa para tal dificuldade?	( ) sim ( ) não

Depois de quanto tempo de relacionamento veio o primeiro filho? Por quê?	
Fez acompanhamento pré-natal?	( ) sim ( ) não
Apresentaram algum tipo de sintoma físico (como enjoos, vômitos etc.) durante a gravidez? a. Mãe b. Pai	
Houve algum acidente ou episódio traumático durante a gestação? Qual?	
Quais as sensações psicológicas que sentiram durante a gravidez? a. Mãe b. Pai	
Como eram as condições financeiras para receber o bebê?	
O parto foi agendado? a. Qual o motivo?	( ) sim ( ) não
Descreva o momento do parto: a. Qual a duração? b. Onde foi realizado o parto? c. Qual o tipo de parto? d. O bebê nasceu prematuro? e. Qual a cor do bebê ao nascer? f. O bebê chorou? g. O bebê precisou de oxigênio? h. Houve complicações no parto?	
Quanto tempo depois a mãe e o pai viram o bebê (no pós-parto)?	
Qual o sentimento que o bebê despertou nos pais? a. Mãe b. Pai	
Alguém ajudou a cuidar do bebê? a. Quem?	( ) sim ( ) não

VI. ALIMENTAÇÃO

A criança foi amamentada? a. Por quanto tempo? b. Qual o motivo de interromper a amamentação? c. Qual a atitude da mãe no desmame? d. Qual a atitude da criança no desmame?	( ) sim ( ) não

Como foi a introdução de alimentos: a. salgados b. doces c. sólidos d. pastosos e. Qual foi a reação da criança?	
Como é a alimentação atual? a. Qual a preferência alimentar? b. Come com ou sem dificuldade? c. Recebe ajuda para se alimentar? De quem? d. O que os pais gostariam que fosse alterado na alimentação da criança? Por qual motivo?	

VII. DESENVOLVIMENTO

Como é o sono da criança? a. Dorme tranquilo? b. Dorme agitado? c. Fala durante o sono? d. Anda durante o sono? e. Range os dentes? f. Tem pesadelos?	( ) sim ( ) não ( ) sim ( ) não ( ) sim ( ) não ( ) sim ( ) não ( ) sim ( ) não ( ) sim ( ) não
A criança dorme com mais alguém? a. Qual a justificativa para dormir acompanhada ou dividindo o quarto com outra(s) pessoa(s)?	( ) sim ( ) não
Durante a noite, a criança vai para o quarto dos pais? a. Qual a atitude dos pais?	( ) sim ( ) não
Com que idade a criança começou a engatinhar?	
Com que idade a criança começou a sentar?	
Com que idade a criança começou a andar? a. Usou andador? b. Apresentava dificuldades no equilíbrio e no movimento após ter chegado à caminhada?	 ( ) sim ( ) não ( ) sim ( ) não
Com que idade a criança começou a balbuciar?	
Com que idade a criança começou a falar as primeiras palavrinhas? a. Apresentava troca de letras? Quais?	
Com que idade a criança conseguiu falar uma frase completa? a. Gaguejava?	( ) sim ( ) não
A criança apresenta ou apresentou, em algum momento de sua vida, dificuldades na fala? Quais? a. Como os pais perceberam? b. A criança necessitou de acompanhamento especializado? Qual e por quanto tempo?	( ) sim ( ) não

Com que idade a criança fez o **controle esfincteriano**? a. Como os pais o conduziram com a criança?	
A criança usou ou usa chupeta ou dedo? a. Até que idade?	( ) sim ( ) não
A criança roeu ou rói suas unhas? a. Até que idade?	( ) sim ( ) não

VIII. SEXUALIDADE

Apresenta curiosidade sexual?	( ) sim ( ) não
Pratica masturbação? a. Deixa claro que se masturba? b. Desde quando se masturba? c. Qual a atitude dos pais?	( ) sim ( ) não ( ) sim ( ) não
A criança já teve alguma experiência sexual precoce? a. Com que idade? b. Como ocorreu o fato?	( ) sim ( ) não

IX. REAÇÕES EMOCIONAIS

Como os pais descrevem o temperamento da criança?	
Como a criança se comporta quando está doente?	
A criança apresenta: a. Algum tipo de medo? Qual? b. Algum tipo de tique nervoso? Qual? c. Choro fácil? Quando? d. Irritabilidade quando é repreendida? e. Histórias mentirosas? Qual a atitude dos pais?	( ) sim ( ) não ( ) sim ( ) não ( ) sim ( ) não ( ) sim ( ) não ( ) sim ( ) não
Tem medos? a. De quê? b. Como a criança costuma reagir diante do medo? c. Qual a atitude dos pais quando a criança está com medo?	( ) sim ( ) não
Como reage diante de ordens, proibições e limites?	
Qual a atitude da criança diante da punição: a. da mãe b. do pai	
Como reage diante da dor e da frustração?	
Como a mãe se relaciona com a criança no cotidiano?	
Como o pai se relaciona com a criança no cotidiano?	
Em que momento os pais dão atenção para a criança?	

X. SOCIABILIDADE	
Quais os brinquedos prediletos da criança?	
Quais os programas de tevê e/ou jogos prediletos da criança?	
Costuma convidar outras crianças para brincar em sua casa? a. Quem?	( ) sim ( ) não
Sai com outras crianças?	( ) sim ( ) não
Brinca ou dorme na casa de outras pessoas? a. Como, normalmente, reage? b. Qual a atitude dos pais?	( ) sim ( ) não
Nas brincadeiras em grupo: a. Domina ou é dominada? b. Briga ou gosta de tranquilidade? c. Rejeita ou é rejeitada? d. Como reage ao novo? e. Como reage ao diferente?	
XI. ESCOLARIDADE	
Com que idade entrou para a escola? a. Como foi o período de adaptação?	
Como os pais escolheram a escola para a criança? a. Quais foram os critérios de escolha?	
Os pais participam da vida escolar da criança? a. De que maneira?	( ) sim ( ) não
Houve repetência escolar? Em que série/ano/ciclo? Qual a justificativa?	( ) sim ( ) não
Os pais consideram que a criança apresenta desenvolvimento escolar compatível com sua idade?	( ) sim ( ) não
Qual a atividade escolar predileta da criança?	
Como são organizadas as tarefas de casa? a. Precisa de ajuda? De quem? b. Em que horário e local faz as atividades?	
Os pais relacionam as dificuldades da criança com algum fato acontecido?	
Qual a observação da escola sobre a criança?	

XII. OBSERVAÇÕES

Entrevista de anamnese realizada por:

Informante (grau de parentesco):

Assinatura dos pais ou informantes:

Data da entrevista de anamnese:

Vale ressaltar que as recomendações de modelos de entrevistas sugeridas nesta unidade são apenas sugestões.

Cada profissional da Psicopedagogia deve observar a realidade e construir as entrevistas e relatórios a partir de sua experiência, formação teórica e do contexto em que estiver inserido.

Glossário – Unidade 3

Consignas – instruções; orientações.

Controle esfincteriano – relacionado ao controle da urina e das fezes.

Dado observacional – informação do que está em observação.

Elementos vinculares – todas as partes que compõem o vínculo.

Falta de sincronia – ausência de conexão; ausência de sintonia.

Instrumentos diagnósticos – recursos utilizados para diagnosticar algum quadro de dificuldade.

Processo avaliativo – desenvolvimento evolutivo da avaliação.

Prognóstico – previsão sobre como irá decorrer o diagnóstico.

Sintomatologia – os sintomas.

UNIDADE 4
AS FORMAS DE INTERVENÇÃO

Capítulo 1 Conceito e objetivos da intervenção, 62

Capítulo 2 Entrevista Familiar Exploratória Situacional (EFES), 64

Capítulo 3 Entrevista de Anamnese, 65

Capítulo 4 Sessões lúdicas centradas na aprendizagem, 65

Capítulo 5 Provas e testes, 67

Capítulo 6 Algumas sugestões de técnicas psicopedagógicas, 71

Capítulo 7 Síntese Diagnóstica – Prognóstico, 75

Capítulo 8 Entrevista de Devolução e Encaminhamento, 75

Glossário, 76

Referências, 77

1. Conceito e objetivos da intervenção

A **intervenção** psicopedagógica está direcionada ao sujeito que apresenta dificuldades, problemas, transtornos e/ou distúrbios de aprendizagem.

Ela propicia que o sujeito diminua sua ansiedade diante do processo de aprendizagem, desenvolvendo suas habilidades e transmitindo seus conhecimentos (LINHARES, 1998).

Como a intervenção psicopedagógica está dentro de uma situação mais reservada, em que o sujeito fica menos exposto socialmente, é possível que o psicopedagogo identifique, durante o processo avaliativo, potenciais cognitivos que até então estavam adormecidos.

A intervenção psicopedagógica:

a) é uma ação direcionada;

b) apresenta **metas** programadas;

c) seus resultados são esperados no sentido de atingir a queixa trazida pelo sujeito que apresenta problemas/dificuldades/distúrbios/transtornos de aprendizagem;

d) tem como foco resolver problemas/dificuldades/distúrbios/transtornos de aprendizagem;

e) propicia ao sujeito que apresenta problemas/dificuldades/distúrbios/transtornos de aprendizagem descobrir por si só as **estratégias** para construir um processo prazeroso de aprender;

f) tem como mediador/facilitador da aprendizagem o profissional de Psicopedagogia.

Na intervenção psicopedagógica, é possível que vários instrumentos componham a base do trabalho do psicopedagogo. No entanto, é relevante que conheçamos os objetivos do diagnóstico psicopedagógico para melhor escolhermos os instrumentos que serão utilizados e as etapas diagnósticas que irão nos orientar.

Norteando o trabalho adequadamente, alcançaremos os melhores resultados, intervindo, assim, nas dificuldades, nos problemas, nos transtornos e nos distúrbios de aprendizagem que estão impedindo o processo de aprender do sujeito.

De acordo com o objetivo do diagnóstico psicopedagógico, o foco pode ser:

a) na compreensão de como funciona a dinâmica familiar e a sua relação com o modelo de aprendizagem que o sujeito apresenta;

b) na avaliação do que foi produzido na escola e na **vinculação** com a aprendizagem escolar;

c) na pesquisa sobre como as estruturas cognitivas estão processando sua construção e o seu desempenho;

d) na avaliação de como o sujeito alcança seus resultados em testes de inteligência e **visomotores**;

e) na análise de dados emocionais que emergem na testagem, nas sessões lúdicas e nas entrevistas, quer sejam com a instituição escolar ou qualquer outro ambiente em que a pessoa avaliada esteja envolvida.

O psicopedagogo, ao estabelecer a sequência diagnóstica que mais se identifica ou que melhor se aplica ao caso em estudo, pode sofrer a influência de vários modelos, como:

a) da Psicologia Clínica tradicional – anamnese ▶ testagem e provas ▶ laudo ▶ entrevista de devolução;

b) da Epistemologia Convergente – entrevista operativa centrada na aprendizagem (EOCA) ▶ testagem psicopedagógica ▶ anamnese ▶ elaboração do informe psicopedagógico.

Independentemente do modelo escolhido, o psicopedagogo não deve esquecer que todo o processo psicopedagógico deve acontecer dentro de um ambiente acolhedor. As etapas diagnósticas podem se apresentar de diversas maneiras. Elas serão estabelecidas após o contato inicial com a pessoa a ser avaliada e/ou sua família.

O relacionamento entre o psicopedagogo e o paciente influenciará diretamente no diagnóstico. Assim sendo, é fundamental que a relação entre ambos seja confiável, respeitável, engajada e com empatia (WEISS, 2012).

O modelo sugerido pela psicóloga e psicopedagoga Maria Lucia Lemme Weiss em seu livro "Psicopedagogia clínica: uma visão diagnóstica dos problemas de aprendizagem escolar", permite haver uma pesquisa de tudo que envolve o sujeito a ser avaliado, o que o torna bem interessante.

A autora sugere as seguintes etapas diagnósticas:

> ▶ contato com o profissional ▶ **queixa principal** ▶ sessão diagnóstica ▶ anamnese ▶ uso do lúdico ▶ avaliação do nível pedagógico ▶ provas e testagens (psicométricas e projetivas) ▶ uso da informática no diagnóstico psicopedagógico ▶ informe psicopedagógico ▶ diagnóstico.

2. Entrevista Familiar Exploratória Situacional (EFES)

A Entrevista Familiar Exploratória Situacional (EFES) é a primeira entrevista dentro do processo diagnóstico psicopedagógico e tem como objetivos (WEISS, 2012):

- compreender a queixa principal, levando em consideração as demandas escolares e familiares;
- identificar os relacionamentos familiares;
- identificar as expectativas da família no que se refere ao processo de aprendizagem escolar;
- detectar as expectativas diante do processo diagnóstico e as questões que envolvem o trabalho do psicopedagogo;
- identificar de que forma o sujeito a ser avaliado e sua família lidam com o processo diagnóstico, se o aceitam e se estão comprometidos com o trabalho que será desenvolvido;
- esclarecer, ao sujeito a ser avaliado e à sua família, sobre o contrato que envolve todo o processo de trabalho do psicopedagogo e sobre como serão as etapas do diagnóstico psicopedagógico.

Na EFES é importante que o psicopedagogo adote a postura de ouvir atentamente o que lhe é dito sem se colocar em uma posição de qualificação ou desqualificação do discurso que está ouvindo.

Essa sessão de entrevista é muito significativa. Devemos nos atentar para o fato de esse ser o primeiro momento em que cada membro da família traz suas impressões, dinâmicas e relações em relação à queixa principal.

Durante a entrevista, o psicopedagogo deve (FERNÁNDEZ, 1990):

a) observar como acontece a escuta e o olhar de todos os envolvidos no processo diagnóstico;

b) focar nas **lacunas dos discursos**, estar atento ao "não dito";

c) observar o momento do "não dito" e sua relação com o que foi dito;

d) levantar o máximo de dados para que a formulação de **hipóteses** seja consistente e direcione as ações posteriores.

3. Entrevista de Anamnese

A Entrevista de Anamnese é a história de vida da pessoa.

Essa entrevista é realizada com os pais ou com alguém que seja responsável pelo sujeito que será avaliado psicopedagogicamente. O objetivo da entrevista é resgatar a história de vida da pessoa buscando informações sobre:

a) seus **dados clínicos**;

b) sua evolução geral;

c) sua história familiar, tanto materna quanto paterna;

d) seu processo de aprendizagem, sua história escolar etc.

A Entrevista de Anamnese propicia que as informações do passado e do presente se encontrem.

Nesse sentido, o psicopedagogo pode identificar as variáveis que, no decorrer do tempo, influenciaram o sujeito que fará a avaliação diagnóstica psicopedagógica, bem como os estímulos que o impactaram, tanto positiva como negativamente, em seu processo de aprendizagem.

4. Sessões lúdicas centradas na aprendizagem

As sessões lúdicas centradas na aprendizagem são espaços para compreendermos como se desenvolvem os processos afetivos, sociais e cognitivos e sua relação com o modelo de aprendizagem que o sujeito apresenta. Dessa maneira, um dos objetivos das sessões lúdicas seria a de deixar claro o que tem relação com o modelo de inteligência e o que tem relação com o modelo de aprendizagem (FERNÁNDEZ, 1990).

Por meio do lúdico, a pessoa tem condições de compreender seu mundo interno e externo e fazer a transição necessária entre um e outro.

A ludicidade evidencia, também, a maneira de lidar com as questões que envolvem o modo de resolver seus conflitos. A pessoa tem a oportunidade de experimentar possibilidades e construir novos espaços relacionais, seja consigo ou com o outro.

No espaço lúdico, podemos lidar com símbolos e imagens de maneira mais dinâmica e espontânea.

Os brinquedos e/ou os jogos, que são estímulos nas sessões lúdicas centradas na aprendizagem, podem ser considerados objetos transicionais, pois fazem com que haja a transição do mundo interno para o mundo externo e propiciam, também, a aprendizagem.

> *ATENÇÃO! Os jogos e/ou brinquedos selecionados para compor o ambiente lúdico devem ser selecionados de acordo com a necessidade do sujeito que está em avaliação psicopedagógica. Como exemplos, temos: brinquedos ou jogos que envolvam escrita, leitura, cálculo, motricidade, memória etc.*

Na brincadeira, o sujeito que está em processo de avaliação psicopedagógica utilizará de seus conhecimentos para lidar com as diferentes situações que ele vive tanto na escola quanto no ambiente social.

E é a partir dessa dinâmica de vivenciar e de repensar seus comportamentos que o sujeito tem a oportunidade de assimilar novos conhecimentos e rever os antigos.

Nas sessões lúdicas centradas na aprendizagem, é possível que o sujeito seja criativo e mostre quem realmente ele é.

> *ATENÇÃO! Pessoas que apresentem limitações permanentes e/ou temporárias devem ter acesso a jogos e/ou brinquedos que atendam às suas peculiaridades e propiciem acessibilidade.*

Ao psicopedagogo cabe observar:

a) como o sujeito lida com os elementos que interage na sessão lúdica;

b) a conduta que o sujeito adota dentro de um contexto global;

c) o nível pedagógico do sujeito, levando em consideração seu funcionamento cognitivo, afetivo e social, que o influenciam em suas ações e na sua forma de aprender.

Vale destacar que são inúmeros os instrumentos de intervenção na avaliação psicopedagógica. No entanto, os mais utilizados são os instrumentos lúdicos, como jogos simbólicos ou de regras.

Atualmente, existem relatos da utilização do computador como um recurso na avaliação psicopedagógica, podendo ser utilizado nas sessões lúdicas centradas na aprendizagem e, também, na complementação de provas e testagens.

Nesse sentido, é necessário que o psicopedagogo saiba lidar com a tecnologia da informação para que, ao aplicá-la na avaliação psicopedagógica, o faça com segurança e clareza de seu auxílio no processo de aprendizagem.

Em função da necessidade de haver mais estudos sobre o assunto e, também, sobre a importância de fazer a adequação do material especificado às diferentes demandas de casos, o computador ainda tem pouca aplicabilidade no campo da Psicopedagogia.

5. Provas e testes

Na Psicopedagogia Clínica, é possível contar com o auxílio de inúmeros testes que podem contribuir significativamente para o diagnóstico psicopedagógico.

Nesse diagnóstico, a intenção é a de que o psicopedagogo identifique os possíveis problemas/dificuldades/distúrbios/transtornos de aprendizagem.

No entanto, é importante esclarecer que o Código de Ética da Psicopedagogia, em seus princípios, aborda a questão da utilização de instrumentos que fazem parte de outras áreas de conhecimento. No Brasil, alguns testes são de exclusividade dos psicólogos. Assim sendo, seria interessante que o psicopedagogo pudesse estar inserido em uma equipe multidisciplinar para que a avaliação psicopedagógica contasse, também, com os dados levantados por essa testagem psicológica. Mas, se não houver essa possibilidade, espera-se que o profissional de Psicopedagogia possa utilizar de sua criatividade para construir atividades que possibilitem medir e observar o que os testes, exclusivos de outros profissionais se propõem a fazer.

> *PARA SABER MAIS! Existem vários sites que vendem testes, provas, avaliações psicopedagógicas e material lúdico. Vale a pena conhecer alguns:*
>
> *a) Loja Virtual do Psicopedagogo. Disponível em: <www.lojavirtualdopsicopedagogo.com.br>. Acesso em: jun. 2015.*
>
> *b) Casa do Psicopedagogo. Disponível em: <www.psicopedagogavaleria.com.br/site index.php?option=com_content&view=article&id=49&Itemid=28>. Acesso em: jul. 2015.*
>
> *c) Mago – Produtos e Serviços em Psicologia. Disponível em: <www.magopsi.com.br/MGMaster.asp?tabela=Testes&Grupo=H&funcao=mostraprod&pesquisa=Grupo&nomegrupo=Psicopedag%F3gicos%20/%20Pedag%F3gicos%20/%20Jogos%20L%FAdicos%20e%20Educativos>. Acesso em: jul. 2015.*

O diagnóstico psicopedagógico é um processo que permite ao profissional de Psicopedagogia fazer o levantamento de dados e de hipóteses que se comprovarão, ou não, na finalização da avaliação.

> *ATENÇÃO! O diagnóstico psicopedagógico é um processo importante a ser construído com o sujeito que tem dificuldades de aprendizagem e propiciará que ele seja encaminhado para o acompanhamento mais adequado ao seu caso.*

Se houver necessidade, testes e provas podem ser utilizados para especificar algum dado significativo no diagnóstico psicopedagógico. Por exemplo: um teste específico para identificar o nível pedagógico do sujeito que está em avaliação.

Vale lembrar que provas e testes são recursos importantes na avaliação, e o psicopedagogo deve escolher cada um de acordo com o caso em estudo.

A Entrevista Familiar Exploratória Situacional, as sessões lúdicas centradas na aprendizagem, a Entrevista de Anamnese e outras hipóteses formuladas durante o processo diagnóstico psicopedagógico dão indicativos de quais provas operatórias, testes psicométricos e técnicas projetivas melhor se adequarão a cada caso.

No processo diagnóstico psicopedagógico, os testes, as provas e as técnicas são instrumentos importantes, por isso, é necessário que conheçamos o que cada um deles abrange.

Testes psicométricos

Os testes psicométricos medem e avaliam o coeficiente de atenção, memória e inteligência – QI.

Esses testes são baseados na Psicometria, tendo em vista que usam de estatística para compreender fenômenos psicológicos, permitindo que haja um padrão na execução das tarefas.

Apesar dos testes psicométricos propiciarem resultados enquadrados em escalas padronizadas, na avaliação psicopedagógica sua função é a de identificar de que forma o sujeito, que está no processo avaliativo, usa sua inteligência.

Vários são os testes usados na avaliação psicopedagógica. Alguns, como o WISC e o RAVEN, são selecionados por permitirem serem observados, facilitarem a aplicação e a avaliação e favorecerem o uso parcial das provas aplicadas entre outras vantagens.

ATENÇÃO! Em geral, os testes não evidenciam a realidade atual vivida pelo sujeito em avaliação e nem o seu sintoma. Dessa forma, o sujeito pode se expressar mais espontaneamente e suas respostas poderão apresentar mais conteúdos sobre o que o está mobilizando significativamente em seu cotidiano de aprendizagem.

Testes projetivos

Os testes projetivos também são chamados de testes impressionistas, pois seus resultados não estão dentro de um padrão estruturado. É necessária a interpretação dos dados apresentados e a codificação da tarefa vista. Sendo assim, a subjetividade do psicopedagogo que está analisando essa produção pode apresentar resultados diferentes de outro profissional da mesma área que analise os mesmos elementos.

Os testes projetivos valorizam os dados qualitativos, mesmo que na testagem possam ser identificados dados numéricos, quantitativos. É dessa forma que as qualidades do sujeito em avaliação serão observadas.

Objetivos dos testes projetivos (MONTAGNA, 1989):

- a partir de um estímulo (o teste) sem definição do que se quer alcançar e com várias possibilidades de interpretação, o sujeito que está em processo avaliativo tem condições de expressar seu mundo interno;
- o sujeito, que está em avaliação, tem a liberdade de expressar suas respostas da maneira que mais lhe convier;
- independentemente de querer ou não, o sujeito em avaliação se revela tanto ao emitir suas impressões como em suas respostas e análise dos estímulos propostos no teste;
- o relacionamento com o psicopedagogo é significativo para que o sujeito se sinta à vontade e se expresse, revele tendo em vista que ele sabe que suas respostas serão analisadas e observadas em seu conteúdo.

Vale ressaltar que, nos testes projetivos, o sujeito transfere para a testagem seus mecanismos internos, estereotipados e repletos de carga emocional (PAÍN, 1985).

No entanto, para a avaliação diagnóstica psicopedagógica, é importante que seja observada de que maneira os meios cognitivos são canais de organização dessa emoção.

Provas operatórias

O principal objetivo das provas operatórias é identificar em que estágio do desenvolvimento cognitivo o sujeito que está em avaliação se encontra.

O epistemólogo Jean William Fritz Piaget (1896-1980) caracterizou em seus estudos os níveis operatórios, o que nos servem de parâmetros para as provas operatórias.

As provas são apresentadas e o sujeito em avaliação é observado em sua maneira de executar a tarefa. Dessa forma, o psicopedagogo poderá analisar o nível operatório e o correlacionar com a faixa etária.

Ao analisar as respostas, elas podem ser reunidas em:

a) Nível 1 – o sujeito avaliado não conseguiu atingir o nível operatório esperado;

b) Nível 2 – o sujeito avaliado demonstra respostas instáveis ao nível operatório que foi apresentado;

c) Nível 3 – o sujeito avaliado atingiu o nível operatório esperado.

A prova operatória é um dos caminhos para identificar o que o sujeito em avaliação está pensando e qual a linha de raciocínio que utiliza para justificar e argumentar as respostas que emitiu.

> **ATENÇÃO!** *Em todas as etapas da avaliação diagnóstica psicopedagógica, é importante que sejam experienciados os aspectos afetivos, corporais, cognitivos e pedagógicos (WEISS, 2012).*

6. Algumas sugestões de técnicas psicopedagógicas

Técnica: a hora do jogo

Técnica desenvolvida por Sara Paín (1985), que pode ser aplicada com crianças de até 9 anos de idade. Ela pode ser administrada em uma sessão de 50 a 60 minutos de duração.

Por ser uma atividade que envolve ludicidade, ela apresenta três pontos importantes que geram o internalizar dos significados e significantes do brincar. São eles:

a) o jogo;
b) a imitação;
c) a linguagem.

Ao trabalhar com os três aspectos citados, o sujeito demonstra que consegue lidar com símbolos, códigos e signos, parte significativa da aquisição de conhecimento e do processo de aprendizagem.

Os objetivos dessa técnica são:

- verificar o relacionamento e inter-relacionamento que a criança constrói com o desconhecido e como lida com os possíveis obstáculos que surgem nesse processo;
- observar e interpretar os conteúdos afetivos e emocionais manifestos pela criança e fazer a sua relação com o processo de aprendizagem.

Os materiais utilizados nessa técnica devem ser colocados em uma caixa, de fácil acesso, e devem propiciar a expressão do desenhar, costurar, recortar, pegar, olhar, ler, escrever, modelar e juntar elementos de diferentes tamanhos, como caixas.

A caixa pode conter materiais como: durex, cola, fita crepe, grampeador, furador, fita dupla face, papéis de diferentes tamanhos, texturas e cores, folhas pautadas, lápis de cor, lápis preto, borracha, apontador, giz de cera, blocos de construção, entre outros elementos que possam mediar a expressão do sujeito.

A consigna a ser dada nesta técnica é a seguinte:

- "Temos aqui uma caixa com muitos materiais, e você pode brincar com tudo o que quiser. Enquanto isso, vou anotar o que estiver fazendo. Um pouco antes de terminar nosso tempo, eu te avisarei."

Os dados observados durante essa técnica ajudarão ao profissional a:

- analisar as respostas emitidas pela criança, tanto as escritas como as verbais;
- levantar hipóteses sobre o processo de aprendizagem da criança, identificando onde ela demonstra seu potencial e suas limitações;
- compreender como a criança evidencia seu modelo de aprendizagem;
- observar como a criança constrói seus símbolos;
- identificar como a criança expressa suas emoções, sua imaginação, suas argumentações, suas reflexões etc.

Para facilitar o trabalho de análise dos dados, o profissional pode destacar alguns tópicos para uma observação mais pontual. Esses tópicos são:

- o inventário – a criança vai manuseando os materiais, que estão dentro da caixa, fazendo o seu reconhecimento e observando como pode iniciar sua construção;
- a organização – nessa etapa, a criança separa o material que mais lhe convém e inicia a ação de construir o que lhe vem à mente. Existe a preocupação em ajustar os materiais, descartá-los, readequá-los e inseri-los de acordo com as possibilidades do momento; e
- a integração – após a construção, a criança inicia o jogo e dá sentido ao que criou.

Técnica: pareja educativa

Nessa técnica, o sujeito recebe uma folha em branco, tamanho ofício, um lápis e uma borracha. O conteúdo expresso pelo sujeito, tanto escrito quanto verbalmente, deve ser analisado sempre buscando a sua relação com o processo de aprendizagem e com quem é o seu mediador.

A consigna a ser dada nessa técnica é a seguinte:

- "Desenhe duas pessoas. Nesse desenho, uma pessoa deve ensinar e outra aprender."

Ao fim da atividade, o profissional que estiver aplicando a técnica deve perguntar ao sujeito:

- os nomes e as idades das pessoas que desenhou;
- o que ele desenhou;
- qual a ação que está ocorrendo no desenho.

Após as perguntas, o sujeito deve, no verso da folha, escrever uma história sobre o que acabou de desenhar e dar um nome a essa construção.

Nessa técnica, é importante observar não só a maneira como o sujeito utiliza o espaço do papel e seu grafismo, mas como ele demonstra as relações estabelecidas no desenho e se expressa em sua história.

Técnica: par educativo familiar

Nessa técnica, devem ser colocados os seguintes materiais sobre a mesa: papel sem pauta, tipo sulfite, lápis preto, borracha, régua e apontador.

Sua aplicação consta de três momentos e, em cada um deles, é importante que se observem os objetivos dessa técnica para que, ao final, as interpretações possam estar enriquecidas pelos dados cuidadosamente registrados.

As interpretações são referências importantes nessa técnica.

Os três momentos da aplicação são:

1) a confecção do desenho;

2) a narração da história do desenho. O sujeito deve responder às perguntas formuladas pelo profissional que estiver aplicando a técnica, e este deve anotar tanto o conteúdo quanto o tempo ocorrido entre a consigna e o início da elaboração do desenho.

3) o sujeito deve escrever a história que relatou oralmente.

Os objetivos dessa técnica são:

- analisar, nos aspectos cognitivos e motores, a escrita e o desenho do sujeito;
- saber como o sujeito faz a leitura de seus vínculos e de suas relações familiares e como se coloca dentro desse contexto;
- identificar o tipo de vínculo que o sujeito estabelece em seu processo de aprendizagem de vida e como o transfere para o contexto da aprendizagem escolar;
- levantar dados sobre a dinâmica da família que confirmem ou não as hipóteses sobre as dificuldades/problemas/transtornos/distúrbios de aprendizagem.

Técnica: psicopedagogia dos rabiscos

Essa técnica funciona bem, tanto no diagnóstico psicopedagógico quanto no tratamento psicopedagógico. O material a ser utilizado deve ser colocado sobre a mesa: papel sem pauta, tipo sulfite, lápis preto, lápis de cor, caneta hidrocor, apontador, borracha e giz de cera.

O sujeito deve utilizar o material que mais se sentir à vontade para iniciar a tarefa.

A consigna a ser dada nessa técnica é a seguinte:

- "Você fará um rabisco qualquer nesse papel que está à sua frente. Depois que fizer o rabisco, continuarei com uma cor diferente da que escolheu e construiremos um desenho juntos."

O desenho será finalizado quando o sujeito considerar que já está tudo pronto. O profissional que estiver aplicando o desenho deve indagar ao sujeito sobre o que parece o desenho e, na sequência, interagir com ele, buscando sempre levantar pontos de argumentação.

Essa técnica tem como objetivos:

- levantar dados sobre qual o significado do desenho para o sujeito e qual a relação com seu processo de aprendizagem;
- identificar possíveis pontos que gerem bloqueios de ordem cognitiva no sujeito;
- buscar elementos que indiquem qual a natureza, orgânica ou emocional, das dificuldades de organização do pensamento e fazer os possíveis encaminhamentos.

Técnica: psicopedagogia do desenho da família

Nessa técnica, pede-se ao sujeito que faça um desenho da família que gostaria de ter (família ideal) e outro que demonstre a família que tem (família real). O profissional que estiver aplicando essa técnica deve pedir ao sujeito que fale os nomes das pessoas que desenhou, suas idades, o que elas fazem, suas características etc.

É importante observar:

- se o que a criança expressa corresponde à sua realidade;
- como a criança estrutura suas frases;
- se a criança consegue estabelecer sequência em sua história deixando claro início, meio e fim.

Essa técnica tem como objetivos:

- verificar como o sujeito se situa dentro do contexto familiar e como estão estabelecidos os vínculos e a distribuição de papéis dentro da família;
- identificar possíveis rótulos que o sujeito recebe no contexto familiar e que o influenciam a "não aprender" e/ou se sentir impotente no processo de aprendizagem.

7. Síntese Diagnóstica – Prognóstico

A Síntese Diagnóstica é toda a compilação de dados detectados no processo diagnóstico, propiciando uma hipótese para justificar a queixa trazida pelo sujeito que foi avaliado.

Esse resumo do diagnóstico realizado e as implicações dos resultados na vida do sujeito avaliado gera um prognóstico e a indicação para encaminhamento do caso.

Esses dados fazem com que, posteriormente, na Entrevista de Devolução, haja consistência no que é verbalizado e encaminhado, envolvendo a aprendizagem do sujeito avaliado.

8. Entrevista de Devolução e Encaminhamento

A Entrevista de Devolução é o momento em que o psicopedagogo devolve, ao sujeito avaliado e à sua família, as conclusões de todo o processo diagnóstico psicopedagógico. É a entrevista que marca a finalização da avaliação realizada pelo psicopedagogo.

A Entrevista de Devolução é um espaço de relato, análise e síntese dos resultados, definindo, a partir destes, o encaminhamento.

Nessa entrevista, a ansiedade do sujeito que foi avaliado e de sua família é bem evidente. Por isso, é fundamental que todas as indagações sejam esclarecidas e que todos os caminhos que estavam confusos sejam clarificados.

Glossário – Unidade 4

Dados clínicos – informações do sujeito que abrangem, por exemplo, sua história de doença familiar, gestação, amamentação, desenvolvimento global, entre outras.

Estratégias – identificação de várias maneiras ou vários caminhos para atingir determinado objetivo, estabelecido no início do processo avaliativo.

Hipóteses – suposições que ainda precisarão ser comprovadas. São possíveis ideias dos caminhos que levaram o sujeito a apresentar limitações no processo de aprendizagem.

Intervenção – interferência, inserção, intervir em alguma situação.

Lacunas dos discursos – quando o sujeito, em sua fala, principalmente nas entrevistas, deixa em aberto e/ou omite dados que seriam significativos para o processo diagnóstico psicopedagógico.

Metas – etapas a serem seguidas e que apresentam coerência entre si.

Queixa principal – primeiro dado palpável que o sujeito identifica como sendo o motivo fundamental que o impede de aprender.

Vinculação – relação de vínculos.

Visomotores – que envolve o que é visual e o que é motor.

Referências

ANDERSON, H.; GOOLISHIAN, H. O cliente é o especialista. In.: *A terapia como construção social*. Porto Alegre: Artes Médicas, 1998.

APA – Associação Americana de Psiquiatria. *Manual Diagnóstico e Estatístico de Transtornos Mentais (DSM-IV)*. Porto Alegre: Artes Médicas, 1994.

BASSEDA, E. e Col. *Intervenção educativa e diagnóstico psicopedagógico*. 3. ed. Porto Alegre: Artes Médicas, 1996.

BOCK, A. M. B.; FURTADO, O.; TEIXEIRA, M. L. T. *Psicologias*: uma introdução ao estudo da Psicologia. 10. ed. São Paulo: Saraiva, 1997.

BOSSA, N. A. *A Psicopedagogia no Brasil*: contribuições a partir da prática. Porto Alegre: Artmed, 2000.

_____. O normal e o patológico na adolescência. In.: OLIVEIRA, V. B. de; BOSSA, N. A. (Orgs.). *Avaliação psicopedagógica do adolescente*. 7. ed. Petrópolis: Vozes, 2003.

BRUN. G.; RAPIZO. R. *Reflexões sobre o ato de perguntar*. Mimeo, 1989.

CANGUILHEM, G. *O normal e o patológico*. Rio de Janeiro: Forense Universitária, 1995.

CANGUILHEM, G. *O normal e o patológico*. Rio de Janeiro: Forense Universitária. 2009. 6. ed. / 2. reimpressão.

DALGALARRONDO, P. *Psicopatologia e semiologia dos transtornos mentais*. Porto Alegre: Artes Médicas, 2000.

FERNÁNDEZ, A. *A inteligência aprisionada*: abordagem psicopedagógica clínica da criança e sua família. 2. ed. Porto Alegre: Artmed, 1990.

LINHARES, M. B. M. Atendimento psicopedagógico de crianças em serviço especializado de psicologia infantil na área da Saúde: uma perspectiva desenvolvimentista. *Psicopedagogia*, 17(46), 30-36. 1998.

MENDES, M. H. O atendimento psicopedagógico num enfoque sistêmico. *Revista Psicopedagogia*, São Paulo, v. 24, n. 75, 2007. Disponível em: <http://pepsic.bvsalud.org/scielo.php?script=sci_arttext&pid=S0103-84862007000300005&lng=pt&nrm=iso>. Acesso em: jun. 2015.

MONTAGNA, M. E. Análise e interpretação do CAT – Teste de Apercepção Temática Infantil. São Paulo: EPU, 1989.

PAÍN, S. *Diagnóstico e tratamento dos problemas da aprendizagem*. Porto Alegre: Artes Médicas, 1985.

PORTO, O. *Bases da psicopedagogia*: diagnóstico e intervenção nos problemas de aprendizagem. 3. ed. Rio de Janeiro: Wak, 2007.

RODRIGUES, J. F. *Diagnóstico psicopedagógico na escola*. Disponível em: <www.pedagobrasil.com.br/pedagogia/diagnosticopsicopedagogico.htm>. Publicado em 17 ago. 2009. Acesso em: jun. 2015.

RUBINSTEIN, E. A intervenção psicopedagógica clínica. Porto Alegre: Artes Médicas, 1996.

SCHOEDER, M. M.; MECKING, M. L. M. *A Psicopedagogia*. Disponível em: <www.boaaula.com.br/iolanda/producao/me/pubonline/margaretart.html>. Acesso em: jun. 2015.

SCOZ, B. *Psicopedagogia e realidade escolar*: o problema escolar e de aprendizagem. Petrópolis: Vozes, 1994.

SERPA, O. Indivíduo, organismo e doença: a atualidade de "o normal e o patológico" de Georges Canguilhem. Psicologia Clínica, 15(1), 121-135, 2003. In.: SILVA, T. L. G. da et al. O normal e o patológico: contribuições para a discussão sobre o estudo da psicopatologia. *Aletheia*, Canoas, n. 32, ago. 2010. Disponível em: <http://pepsic.bvsalud.org/scielo.php?script=sci_arttext&pid=S1413-03942010000200016&lng=pt&nrm=iso>. Acesso em: 7 jun. 2015.

VINOCUR, S. Contribuições para o diagnóstico psicopedagógico na escola. In.: OLIVEIRA, V. B. de.; BOSSA, N. A (Orgs). *Avaliação psicopedagógica do adolescente*. Petrópolis: Vozes, 2003.

VISCA, J. *Clínica psicopedagógica. Epistemologia convergente*. Porto Alegre: Artes Médicas, 1987.

WEISS, M. L. L. *Psicopedagogia clínica*: uma visão diagnóstica dos problemas de aprendizagem escolar. Rio de Janeiro: DP&A, 2003.

_____. *Psicopedagogia clínica*: uma visão diagnóstica dos problemas de aprendizagem escolar. 14. ed. rev. e ampl. Rio de Janeiro: Lamparina, 2012.

Eduardo Britto

É graduado e tem mestrado em Economia pelas Faculdades Integradas Bennett-RJ. Tem pós-graduação em EAD pelo Senac-RJ e Unifei-RJ e MBA em Gestão Empresarial pelo Ibmec-RJ.

Impresso por
META
www.metabrasil.com.br